FISCHER

BÜLENT CEYLAN

MIT ASTRID HERBOLD

ANKOMMEN

*Aber wo war
ich eigentlich?*

FISCHER

Aus Verantwortung für die Umwelt hat sich der S. Fischer Verlag zu einer nachhaltigen Buchproduktion verpflichtet. Der bewusste Umgang mit unseren Ressourcen, der Schutz unseres Klimas und der Natur gehören zu unseren obersten Unternehmenszielen.

Gemeinsam mit unseren Partnern und Lieferanten setzen wir uns für eine klimaneutrale Buchproduktion ein, die den Erwerb von Klimazertifikaten zur Kompensation des CO_2-Ausstoßes einschließt.

Weitere Informationen finden Sie unter: www.klimaneutralerverlag.de

4. Auflage: Oktober 2021

Originalausgabe

Erschienen bei FISCHER Taschenbuch
Frankfurt am Main, September 2021

© 2021 S. Fischer Verlag GmbH,
Hedderichstr. 114, D-60596 Frankfurt am Main

Satz: Dörlemann Satz, Lemförde
Druck und Bindung: CPI books GmbH, Leck
Printed in Germany
ISBN 978-3-596-70660-0

Meiner Familie

Vorbemerkung: *Uffbasse!* Alle hier geschilderten Ereignisse habe ich so erlebt, die Schilderung basiert aber auf meinen subjektiven Erinnerungen. Die Dialoge sind nicht wörtlich, sondern nach meiner Wahrnehmung sinngemäß wiedergegeben. Manche Personen aus meiner Kindheit und Jugend habe ich aus Gründen des Persönlichkeitsschutzes anonymisiert.

INHALT

1 Patchwork auf 68 Quadratmetern

Meine Frau reißt zu Hause ständig die Fenster auf, sie mag frische Luft und kann es nicht leiden, wenn es »nach gestern riecht«, wie sie sagt. Ich mache Fenster lieber zu, mir zieht es schnell. Das habe ich von meinem Vater, Ahmet Turan Ceylan, von Beruf Betonmischer-Fahrer. Er konnte es im Wohnzimmer spüren, wenn im Bad das Fenster auch nur einen Spalt gekippt war. Wobei ich dazu sagen muss, dass unser Bad und unser Wohnzimmer nicht sehr weit auseinanderlagen. 68 Quadratmeter groß war die Etagenwohnung im Mannheimer Stadtteil Waldhof, in der ich mit meinen Eltern und meinen drei älteren Geschwistern lebte. Zu sechst wohnten wir dort allerdings nicht lange; meine zwei größeren Geschwister Angela und Fritz zogen schon bald nach meiner Geburt aus – der Altersunterschied zwischen mir und meiner ältesten Schwester beträgt 16 Jahre.

Jedenfalls konnte mein Vater feinste Luftzüge immer und überall spüren. »Ich merk's am Nacken«, klagte er. Merkwürdig: Er war einerseits total empfindlich, andererseits hart im

Nehmen. Er arbeitete viele Stunden täglich schwer, sorgte finanziell für unsere Großfamilie, wurde nie krank. Wenn ihn doch mal ein grippaler Infekt erwischte, legte er sich einen Tag lang ins Bett. »Frau, hol Decken!«, rief er meiner Mutter matt zu. Dann schwitzte er unter dem Deckenberg, bis ihm die Brühe runterlief. Am nächsten Morgen stand er wieder auf. »Ich geh' jetzt arbeiten.«

Das war mein Vater.

Einmal im Jahr legte er in einem Topf Gemüse ein, das kannte er als Ritual aus dem türkischen Internat, das er in den 1950er Jahren besucht hatte. Vielleicht machte er irgendwas falsch, jedenfalls schwamm oben drauf bald eine dicke Schimmelschicht. Meine Mutter fand das so eklig, dass mein Vater seine undefinierbare Pampe nur im Keller aufbewahren durfte. Ab und zu ging er runter, schob den Schimmel zur Seite und holte sich eine Portion von dem labbrigen Gemüse.

»Ich esse das jetzt.«

»Nein, das wird nicht gegessen!«, protestierte meine Mutter.

»Doch, das härtet ab!«

Und dann schaufelte er das Zeug tapfer in sich hinein. Ansonsten pflegte er lustigerweise vor allem typisch deutsche Männerhobbys: In seiner Freizeit ging mein Vater kegeln oder spielte Skat, selbstverständlich als ordentliches Vereinsmitglied. Ich durfte als Kind oft mitkegeln, manchmal fuhr ich sogar mit auf Kegelclubreisen. Zwar machten mich die langen Männerabende als kleiner Junge ziemlich müde, aber ich mochte die besondere Atmosphäre. Das Fachsimpeln nach dem Spiel über gelungene und weniger gelungene Würfe, diese lauten, gutgelaunten Runden.

Alle anderen Männer im Verein waren Deutsche. Nur mein Vater war Türke. Er wurde von allen Turan genannt, vielleicht klang sein zweiter Vorname in den deutschen Ohren besser als Ahmet. Mein Zweitname ist ebenfalls Turan. Die dunklen Augen und die schwarzen Haare habe ich allerdings von meiner Mutter geerbt, mein Vater war hellhäutig und blauäugig. Das nur nebenbei, Stichwort Schubladendenken.

Mein Vater hat sich über solche Zuschreibungen Zeit seines Lebens wenig Gedanken gemacht. Er fühlte sich von seinen Freunden akzeptiert, hatte – so erinnere ich es jedenfalls – nie das Gefühl, dass es in seinem Umfeld ihm gegenüber rassistische Vorurteile gab. Turan sprach ganz gut Deutsch, wenn auch teilweise grammatisch fehlerhaft und mit Akzent. Auch die Artikel machten ihm gelegentlich zu schaffen. Trotzdem fiel es Fremden manchmal erst nach einigen Sätzen auf, dass er kein Muttersprachler war. Deutschland war wirklich seine Heimat geworden, und oft hat mein Vater gesagt, er könne sich nicht mehr vorstellen, in der Türkei zu leben. Von seinem Geburtsland hatte er sich über die Jahrzehnte innerlich immer weiter entfernt. Trotzdem liebte er die Traditionen, die Musik, das Essen. Meine Mutter kochte ihm zuliebe regelmäßig türkische Gerichte. Aber natürlich gab es in Hildes Küche auch weiterhin Nudeln und Sonntagsbraten.

Meine Geschwister Angela und Fritz waren schon Teenager, meine Schwester Anya war vier Jahre alt, als der neue türkische Mann zur Familie dazustieß. Meine Mutter war da bereits von ihrem ersten Mann geschieden und schon eine

Weile alleinerziehend. Dass eine solche Konstellation anfangs nicht einfach ist, kann man sich denken. Ein neuer Partner ist für Kinder immer schwer. Manche Ansichten meines Vaters gefielen meinen Geschwistern nicht; vor allem meine große Schwester war häufig anderer Meinung als ihr neuer Stiefvater. Außerdem war mein Vater streng, oft zu streng. Er wollte meine Mutter im Alltag entlasten und ihr helfend zur Seite stehen. Dazu gehörte für ihn, den Kindern klare Ansagen zu machen. Aus heutiger Sicht verstehen meine Geschwister seine Motive, damals war der familiäre Krach vorprogrammiert.

Ich kenne diese erste Zeit nach dem Kennenlernen und der Heirat meiner Eltern nur aus Erzählungen, aber ich ahne, wie schwierig die Patchwork-Familiengründung war. Manchmal hat meine Mutter mit meinem Vater geschimpft: Ihr gefiel nicht, wie er mit den Kindern umging. Er wiederum kannte aus seinem Elternhaus nur einen Erziehungsstil – und der war autoritär. Trotzdem schlossen meine Geschwister meinen Vater bald in ihr Herz. Aber ohne Reibungen verlief unser Familienleben nicht.

Wie aus dem Bilderbuch war allerdings die Liebe meiner älteren Geschwister zu mir, dem Nachzügler. Das konnte ich von Anfang an spüren. Nie haben sie mich als einen Störenfried oder Fremdkörper in ihrer bisherigen Familie betrachtet – obwohl es von außen offensichtlich war, dass hier etwas zusammengewürfelt worden war. Meine Mutter hatte mit der Hochzeit den Namen meines Vaters, Ceylan, angenommen; meine älteren Geschwister behielten den Nachnamen ihres leiblichen Vaters. Ich hatte insofern einen anderen Vater, ich sah anders aus, und ich trug zwei türkische Vor- und einen türkischen Nachnamen. Das Wort »Halbbruder« wäre Angela, Fritz und Anya dennoch nie über die Lippen gekommen. Umgekehrt würde ich nie von meinen »Halbgeschwistern« sprechen, ich hasse dieses Wort regelrecht. Wir sind Geschwister, wir lieben uns – mehr gibt es für mich dazu nicht zu sagen. Das gilt übrigens auch für meinen Bruder Hasan, den Sohn meines Vaters aus einer früheren Beziehung. Zwar lebt er in der Türkei und unser Kontakt war leider nie sehr eng, aber für mich ist es selbstverständlich, dass er zur Familie gehört und ich immer für ihn da bin, wenn er meine Hilfe braucht.

Vor allem mit Anya, mit der ich noch lange zusammen bei meinen Eltern lebte, verband mich schon als Kind eine enge Bindung. Anya hat – wie auch Angela – oft auf mich aufgepasst, mit mir gespielt, mich umsorgt. Manchmal hat sie sogar ihr letztes Taschengeld für mich ausgegeben. Einmal wollte ich unbedingt einen Teddybär mit einem kleinen Elektromotor im Bauch haben, der sich so lustig bewegen konnte. Wie der Duracell-Hase, den ich aus der Werbung kannte. Sie plünderte wortlos ihre Spardose, nahm ihre letzten 20 Mark und kaufte mir diesen Bär. Ein anderes Mal nahm sie mich an der Hand, fuhr mit mir mit der Straßenbahn in die Mannheimer Innenstadt: erst ins Kino, dann zu McDonald's! In dieser Kombination für mich als Kind der denkbar tollste Tagesausflug.

Selbst als Teenager hat sie sich oft Zeit genommen für ihren sechs Jahre jüngeren Bruder, auch wenn sie vielleicht lieber mit ihren Freundinnen weggegangen wäre. Als wir beide längst erwachsen waren, habe ich sie gefragt, warum sie damals so fürsorglich war. Ihre Antwort hat mich sehr berührt. Sie sagte, sie habe mir die Aufmerksamkeit geben wollen, die ihr selbst manchmal gefehlt hatte. Als Anya ein Kleinkind war, steckte meiner Mutter in einer anstrengenden und emotional aufreibenden Scheidung, danach musste sie sich erst einmal neu sortieren und war mit sich beschäftigt. Auch für meinen Bruder Fritz war das keine einfache Zeit, er bekam Probleme in der Schule, war beim Lernen innerlich wie blockiert. Meiner Mutter ging es in dieser Phase natürlich auch nicht gut. Sie hatte während der Trennungsphase mit ihrem schlechten Gewissen zu kämpfen, denn eigentlich wollte sie ihre Familie als gute Katholikin unbedingt zusammenhalten. Es fiel ihr nicht leicht, ihre erste Ehe zu beenden, auch als die Beziehung schon längst zerrüttet war.

Und nun der neue Mann – und noch ein Kind.

Als ich 1976 geboren wurde, war mein Vater unglaublich stolz, er platzte fast. Er hätte gern noch mehr Nachwuchs gehabt, aber meine Mutter schüttelte den Kopf. »Vier reiche'.« Zumal ich bei der Geburt kein Leichtgewicht war: 57 Zentimeter und viereinhalb Kilo, ein wahrer Wonneproppen. Anfangs schlief ich im Schlafzimmer meiner Eltern. Wo auch sonst? Im kleinen und vollgestellten Kinderzimmer standen schon das Doppelstockbett für die beiden Mädchen und das Einzelbett meines Bruders, mehr passte beim besten Willen nicht hinein. Ansonsten gab es noch das Wohnzimmer, einen Balkon, den mein Vater vor allem zum Rauchen nutzte, und eine kleine Küche. Platz zum Spielen war eigentlich nirgendwo.

Ich erinnere mich, dass ich später häufig auf meinem Bett saß (nachdem Angela und Fritz erwachsen waren, zog ich ins Kinderzimmer um) und auf meiner Bettdecke mit meinen Figuren oder Autos spielte. Ich blieb gern für mich alleine und konnte mich stundenlang selbst beschäftigen. Oft war ich in innere Monologe vertieft, in komplizierte Geschichten und Handlungen, die ich mir ausgedacht hatte. Wenn jemand die Zimmertür öffnete, fühlte ich mich gestört. Vor allem, wenn meine Mutter den Kopf reinstreckte: »Bülent, komm essen!«

»Nein, ich will weiterspielen!«

Schon damals war ich also ein ziemlich guter Alleinunterhalter, wenn man den Ausdruck mal wörtlich nimmt.

Bei Tisch und auch sonst im Familienalltag wurde nur Deutsch gesprochen. Das ist auch der Grund, warum ich, bis auf ein paar Brocken, nie richtig Türkisch gelernt habe. Bei meinen Autogrammstunden später gab es manchmal türkische Fans, die das gar nicht glauben konnten, die geradezu entsetzt und enttäuscht waren: »Was? Du kannst kein Türkisch?« Zwar unternahm mein Vater ein paar halbherzige Versuche, mir Wörter und Sätze in seiner Muttersprache beizubringen, aber das war von wenig Erfolg gekrönt. Wann hätten wir uns auch länger unterhalten sollen? Er stand auf, wenn ich noch schlief, und kam von der Arbeit, wenn ich schon wieder im Bett lag. Mit Hilde sprach Turan Deutsch, genauso wie mit allen anderen Menschen um ihn herum. Dem Klang der türkischen Sprache war ich selten ausgesetzt.

Zum Problem wurde meine fehlende Zweisprachigkeit allerdings, wenn die türkische Verwandtschaft, Tanten, Onkel, Cousinen und Cousins, aus Wuppertal zu Besuch kam.

»Warum versteht der Junge denn immer noch nichts?« Bei jedem Besuch war das ein Reizthema. Mit mir schimpfte niemand, aber mein Vater musste sich von seiner Schwester viele Vorwürfe anhören. »Du bist schuld, dass der Junge unsere Sprache nicht lernt!« Nicht selten eskalierten diese Diskussionen, es wurde laut und ungemütlich.

Ich war noch ein Kindergartenkind, da schlug meine Tante meinen Eltern eines Tages vor, dass ich für einige Monate nach Wuppertal kommen und bei ihnen leben sollte, um endlich Türkisch zu lernen. Aber da hatte sie die Rechnung ohne meine Mutter gemacht. »Nix – ich geb' kei' Kind her!« Hilde war nicht gewillt, über solche pädagogischen Experimente auch nur nachzudenken. Dass sie damit Gefahr lief, Turans Familie vor den Kopf zu stoßen und den Konflikt weiter anzuheizen, nahm sie in Kauf. Denn sofort wurde mein Vater wieder mit Vorhaltungen überschüttet: »Siehst du, das hast du davon, dass du eine Deutsche geheiratet hast!« Woraufhin mein Vater, der nie etwas auf meine Mutter hätte kommen lassen, sofort zurückpolterte: »Ihr haltet jetzt alle die Gosch! Sonst könnt ihr sofort wieder nach Hause fahren!«

Diese Streits wurden natürlich auf Türkisch geführt, ich habe das jetzt mal frei übersetzt. Als Kind merkte ich nur, es ist wieder so weit, es wird geschrien, wild gestikuliert, und alle sind sauer aufeinander. Schrecklich, ich hasste das. Zumal wir uns in der kleinen Wohnung mit so vielen Menschen nicht gut aus dem Weg gehen konnten.

Dennoch, und das halte ich allen Beteiligten nachträglich zugute, gab es nie ernsthafte Zerwürfnisse. Man warf sich Sprüche an den Kopf, aber man vertrug sich auch schnell wieder. Letztlich akzeptierte die türkische Verwandtschaft, dass es in Turans Leben nun eine deutsche Frau gab. Und was alle verband und woran es überhaupt keinen Zweifel gab: dass ich, der kleine Bülent, das von allen heiß und innig geliebte Nesthäkchen war.

Für meine Mutter waren diese Besuche der Verwandtschaft auch noch aus einem anderen Grund anstrengend. Denn natürlich wurde erwartet, dass Hilde alle von morgens bis abends bekocht. Grundsätzlich machte das meiner gast-freundlichen Mutter nichts aus, nur manchmal wurde es ihr doch zu viel. Zum Beispiel weigerte sie sich, spät am Abend noch ein großes Mahl aufzutischen. »Nach 20 Uhr gibt's bei uns nix Warmes mehr«, beharrte sie, ganz die Deutsche. Was, nichts Warmes, warum denn nicht? Die türkische Verwandt-schaft schaute pikiert. Mein Vater versuchte, seine Frau zu überreden: »Geh, jetzt koch halt, auf!«

»Ich geb dir gleich: ›jetzt koch halt‹ – kannscht selber ko-che!«, gab meine Mutter grimmig zurück.

Mein Vater war an solchen Abenden sichtlich im Zwiespalt. Einerseits wollte er seine Frau nicht herumkommandieren, das hätte die sich auch gar nicht gefallen lassen, andererseits wollte er vor der türkischen Verwandtschaft als Hausherr gut dastehen. Normalerweise war es bei uns zu Hause eher so, dass Turan machte, was Hilde ihm auftrug – nicht umgekehrt. Aber vor Publikum wollte er lieber in die Rolle des Machos schlüpfen. Meine Mutter bemerkte das und schmierte es ihm regelmäßig aufs Brot: »Du denkst wohl, du musst hier den starken Mann raushängen lassen, wenn deine Familie da ist. Aber das kannst du dir gleich wieder abgewöhnen.« Und

genauso war es: Am Ende hat Turan sogar die Weihnachts-
bäume für Hilde gefällt und nach Hause getragen.

Immer wieder gab es Zusammenstöße, wenn die Wuppertaler uns besuchten oder wir bei ihnen waren. Manche Anekdoten habe ich später in meine Bühnenprogramme eingebaut.
Auch diese hier: Meine Mutter schwärmte damals für kitschige
Gemälde von spanischen Flamenco-Tänzerinnen mit wallen-
dem Rock und schwarzem Haar. Mein Vater ging zum Floh-
markt und kam kurze Zeit später tatsächlich mit einem riesigen
Ölgemälde wieder. Ein liegender weiblicher Akt. »Ich wollte
doch eine Flamenco-Tänzerin«, beklagte sich meine Mutter.
»Das ist eine Tänzerin, aber eben eine nackige«, meinte mein
Vater. »Außerdem war das Bild teuer.« Meine Mutter zuckte
mit den Schultern, sie wollte auch nicht undankbar wirken,
und so wurde der Schinken übers Ehebett gehängt.

Das nächste Mal, als die älteste Schwester meines Vaters –
eine strenggläubige Muslimin – mit ihrer Familie zu Besuch
kam, boten meine Eltern den Gästen wie immer das beste
Zimmer, das Schlafzimmer, an. An das Bild dachte niemand.
Aber nachdem die Wuppertaler abgereist waren, entdeckten
wir, dass die Nackte nun nicht mehr nackt war. Meine Tante
hatte das Motiv kurzerhand mit mehreren Handtüchern ver-
hüllt. »Jetzt trägt das Bild eine Burka«, kommentierte mein
Vater lakonisch.

Gegenseitige Toleranz war immer wieder von allen Beteiligten gefordert. Einmal waren wir in Wuppertal zu Besuch.
Schon zum Frühstück bog sich der Esstisch, es gab Wurst,
Hähnchen, Eier, eingelegtes Gemüse und vieles mehr. Ratlos
saß ich vor dieser überbordenden Fülle.

»Ich mag das alles nicht. Ich will ein Marmeladenbrot.«

Meine Cousins starrten mich ungläubig an. Meine Tante schimpfte sofort wieder auf meinen Vater ein: »Dein Sohn isst noch nicht mal türkisches Essen?!« Die Stimmung sank schon auf den Nullpunkt, bevor der Tag richtig angefangen hatte. Meine Tante, das muss man dazusagen, hatte den Ruf einer Diktatorin; mit ihr war nicht zu spaßen. Sie war ohne Zweifel das eigentliche Familienoberhaupt. (Ich hoffe, liebe Tante, du nimmst mir das nicht übel, falls du diese Zeilen liest.) Ende vom Lied: Meine Tante stand dann tatsächlich auf, ging in die Küche und schmierte für ihren Neffen genau so ein Marmeladenbrot, wie dieser es sich wünschte.

Mittlerweile ist sie über 90 Jahre alt und lebt wieder in der Türkei. Aber eine denkwürdige Begegnung mit meiner Tante hatte ich noch: Ich war bereits ein erwachsener Mann und hatte meine damalige Freundin zu einem Familientreffen mitgebracht. Vor den Augen aller berührte ich ihre Hand. Meine Tante fand die Geste unangemessen. Durch die Blume gab sie mir zu verstehen, dass ich das lassen sollte. Mein Vater bemerkte den aufkommenden Zwist und guckte mich ganz erschreckt an: Oje, wer flippt jetzt zuerst aus, Bülent oder sie? Ich erhob meine Stimme, so dass alle mich hören konnten, aber sprach – entgegen den familiären Gewohnheiten – diesmal ganz ruhig und sachlich:

»Hör mir zu, Tante: Wenn du sagst, bring mir einen Kaffee, dann bringe ich dir einen Kaffee. Wenn du sagst, wasch mir die Füße, dann wasche ich dir die Füße. Wenn du sagst, mach dieses oder jenes für mich, dann mache ich das. Ich gebe dir jederzeit den Respekt, den du verdienst. Aber – du hast mir nicht zu sagen, ob ich die Hand meiner Freundin halten darf. Wenn du darauf bestehst, dass ich sie in deiner Gegenwart nicht berühre, dann gehe ich jetzt sofort aus deinem Haus, und du wirst mich nicht mehr wiedersehen. Wir leben im 21. Jahrhundert, und auch du musst akzeptieren, dass die Zeiten sich geändert haben.«

Danach war absolute Ruhe im Raum.

Irgendwann machte meine Tante einen Laut. »Mmgrhhh.« Halb Knurren, halb Stöhnen. »Du bist genau wie dein Vater – also gut, mach doch, was du willst!« Damit war die Sache für sie erledigt. Später kamen meine Cousins zu mir und hauten mir anerkennend auf die Schulter: »Dass du dich das getraut hast! Du bist der Erste, der je so mit ihr geredet hat – dabei bist du einer der Jüngsten in der ganzen Familie.«

Danach gab es nie wieder Streit zwischen ihr und mir. Irgendwie hatte ich mir mit dieser Aktion Respekt verschafft.

2 *»Ihr solltet ihn Bülent nennen«*

1938 wird mein Vater in einem Dorf in der Nähe der türkischen Stadt Sivas geboren. Er ist das jüngste von vier Kindern von Sıdıka und Hasan Ceylan, meinen Großeltern. 1958, 20 Jahre später, erreicht er Frankfurt am Main. Überstürzt ist Turan aus seiner Heimat geflohen. Nun muss er zuerst einmal die Sprache des fremden Landes lernen. Und zwar auf eigene Faust – staatlich organisierte Sprach- und Integrationskurse gibt es nicht.

»Ich war der erste Türke in Deutschland«, hat mein Vater später oft behauptet.

»Woher willst du das wissen?«, haben wir ihn gefragt.

»Ich habe jedenfalls keine anderen Türken an der Grenzkontrolle gesehen«, meinte er bloß und hat gelacht.

Ein Funke Wahrheit steckt in dem Witz, denn die Zeit der Gastarbeiteranwerbung der Bundesrepublik Deutschland in der Türkei begann erst 1960.

Mein Vater war ein kluger Kopf, er schrieb ein Buch und Gedichte und hatte einen höheren Schulabschluss. Aber wie

viele Einwanderer konnte er sein Potenzial nie richtig aus-
schöpfen. »Einmal im Monat mussten wir Hundefleisch essen«, so arm seien sie gewesen, erzählte er oft. Ich buche das
als väterliche Übertreibung ab, wahrscheinlich war es doch
eher Ziege, aber er wollte mir vermitteln, wie schwer sein
früheres Leben gewesen war. Dennoch verließ er sein Land
nicht aus wirtschaftlichen, sondern aus politischen Gründen.
Er kam, weil er als junger Mensch ein überzeugter Linker war.
Er hatte mit 19 Jahren ein Buch geschrieben, auf dessen erster
Seite in den Anfangsbuchstaben der Zeilen der Satz versteckt
war: »Ich bin ein Kommunist.« Er sei aber kein Anhänger der
Sowjetunion gewesen, schon gar kein Stalin-Fan, und auch
kein Freund der DDR. Er interessierte sich nicht für den real
existierenden Sozialismus, sondern für die philosophischen
Ideen dahinter, erklärte er mir. In seinen Worten klang das
so: »Ich glaube, dass jeder Mensch wichtig ist und dass alle
Menschen gleich behandelt werden sollten.«

Als wir diese Unterhaltungen in den frühen 1990er Jahren
führten, war ich ein Teenager und seine jugendliche Begeisterung für Karl Marx konnte ich nur schwer nachvollziehen.
Mit Kommunismus oder Sozialismus assoziierte ich den zer-
fallenen Ostblock, die ehemalige Sowjetunion und andere
kürzlich gestürzte Diktaturen. Er versuchte mir daraufhin
darzulegen, welche Umstände ihn in seiner Jugend geprägt
hatten: In der Türkei der 1950er Jahre regierte – mit zunehmend autoritärem Stil – die rechtsgerichtete »Demokratische
Partei«, die immer härter gegen Kritiker und Andersdenkende
vorging. Auch Turan war in ihren Fokus geraten. Doch einer
seiner Freunde, ein junger Polizist, warnte ihn rechtzeitig:

»Pass auf, es wäre gut, wenn du heute Nacht fliehst.« Der Ernst der Situation war meinem Vater damals sofort klar. Er wäre sonst vermutlich binnen Stunden verhaftet worden.

Mit großer Sorge hat Turan später den Aufstieg von Recep Tayyip Erdoğan und der AKP verfolgt. »Das ist der Untergang der Türkei«, sagte er immer. Damals nahm niemand von uns seine Worte ernst; Erdoğan galt in seinen ersten Jahren als türkischer Ministerpräsident als Hoffnung des Westens, sogar Beitrittsverhandlungen mit der Europäischen Union wurden eröffnet. Mein Vater blieb dennoch misstrauisch: »Ihr werdet schon sehen«, unkte er.

Bei der Flucht 1958 war mein damals zwanzigjähriger Vater noch von seinem Vater bis nach Deutschland begleitet worden. Eigentlich sollte Turan dann von Europa weiter nach Kanada fliegen, doch das teure interkontinentale Ticket konnte sich die Familie nicht leisten. In Frankfurt trennten sich daher die Wege; mein Großvater kehrte zurück in die Türkei, mein Vater blieb. Diesen Abschied stelle ich mir unglaublich schwer vor. Ob Vater und Sohn sich jemals wieder begegnen würden, war völlig unklar. (Sie sahen sich tatsächlich nie wieder.) Auch ahnten beide nicht, wie schwer der Neuanfang werden würde. Erst mal musste Turan einen Job finden und eine Unterkunft. Der Plan, Geld zu sparen und weiter nach Kanada auszuwandern, rückte in weite Ferne.

Denn schnell merkte mein Vater, dass im Wirtschaftswunderland Deutschland Arbeiter dringend gebraucht wurden – vor allem solche, die körperlich schuften konnten. Und das konnte er. Mit der Zeit habe er sich außerdem wohlgefühlt in der neuen Umgebung, erzählte er. In Mannheim wurde er heimisch. Trotzdem hegte er noch lange die Hoffnung, wenigstens für kurze Besuche zurück in die Türkei reisen und seine Eltern und Geschwister besuchen zu dürfen. Doch es blieb unmöglich; fast zwei Jahrzehnte lang waren die Verbindungen zu Familie und Heimat – bis auf seltene, kurze Telefonate – gekappt.

Erst als meine Eltern 1975 heirateten und meine Mutter kurze Zeit später mit mir schwanger war (genauer gesagt war sie am Tag der Trauung schon schwanger, ich bin ein typisches Siebenmonatskind), hatte sich die Lage unter dem sozialdemokratischen Ministerpräsidenten Bülent Ecevit leicht entspannt. Ecevit machte es möglich, dass ehemalige politische Flüchtlinge wie mein Vater wieder in die Türkei einreisen konnten. Für meinen Vater war das von großer Bedeutung. Ein Freund der Familie, wir nannten ihn alle Onkel Osman, sagte deshalb zu meinen Eltern: »Wenn es ein Junge wird, solltet ihr ihn zum Dank Bülent nennen.«

Das taten sie dann auch.

Doch zunächst ging es für meine Eltern auf Hochzeitsreise – nach Istanbul! Mein Vater betrat seit 17 Jahren zum ersten Mal wieder den Boden seiner Heimat; meine Mutter hatte überhaupt noch nie eine so weite Auslandsreise gemacht. »Ich war so glücklich in diesem Urlaub«, hat sie später oft zu mir gesagt. Ich kann mir das gut vorstellen: Sie hatte eine unglückliche Ehe und eine schlimme Scheidung hinter sich. Nun war da der neue Mann in ihrem Leben, der ihr buchstäblich seine Welt zu Füßen legte. Bald würde sie ihr viertes Kind bekommen. Und das alles gepaart mit einer aufregenden Reise in ein wunderschönes Land.

Einziger Wermutstropfen: Die frisch vermählte Braut konnte ihre neue türkische Familie nicht kennenlernen. Der Vater meines Vaters war ohnehin bereits gestorben, aber die Mutter lebte noch, war allerdings schon sehr alt und nicht mehr mobil. Meine Eltern wiederum scheuten den Weg ins Heimatdorf meines Vaters, das rund tausend Kilometer von Istanbul entfernt liegt. Lieber blieben sie in der touristischen Küstenregion, dort fühlten sie sich sicher. Wie wären sie im dörflichen Hinterland empfangen worden? Vielleicht hätten einige Nachbarn nicht so freudig auf die Rückkehr des Geflüchteten reagiert. Mein Vater wollte jedenfalls weder meine Mutter noch sich selbst unnötig in Gefahr bringen. Und so gab es keine Familienzusammenführung.

Ich bin sicher, dass ihm das einen Stich ins Herz versetzt hat. Denn er hatte nun, mit Ende 30, endlich die Liebe seines Lebens gefunden. Sicher hätte er sie gern seiner Mutter und seinen Geschwistern vorgestellt – diese wunderschöne deutsche Frau mit ihrem strahlenden Lächeln und ihrem großen Herzen.

Meine Mutter ist wirklich, ich übertreibe nicht, ein Engel. Jeder, der sie trifft, spürt das. Turan muss es schon vor ihrem Kennenlernen aus der Ferne geahnt haben. So fängt sie nämlich an, die Liebesgeschichte meiner Eltern:

Es ist ein Sonntagnachmittag, als es auf dem Waldhof an Hildes Wohnungstür klingelt. Komisch, sie erwartet doch niemanden. Sie öffnet – und wundert sich noch mehr. Da steht Turan, ein Freund ihres Exschwagers. Er arbeitet wie der Schwager als Fahrer für eine Brauerei, beide fahren dort die

Bierfässer aus. Hilde kennt ihn nur flüchtig. Was will er? Mit leicht verlegenem Blick schaut er sie an und dreht die Blumen in seinen Händen.

»Für Sie«, sagt er und streckt Hilde den Strauß entgegen. Eine Flasche Wein hat er auch unterm Arm.

»Ja, ähm, dann kommen Sie doch herein«, sagt Hilde, ihre Verblüffung überspielend.

»Sind Sie allein?«, fragt Turan.

»Nein.«

Wie so oft am Wochenende hat Hilde ihre Mutter zu Besuch. Die drei Kinder sind heute ausnahmsweise beim Vater, Hildes geschiedenem Mann.

Nun sitzen sie zu dritt in der kleinen Küche zusammen, haben erst einen Kaffee getrunken und dann den Wein aufgemacht. Meine Mutter sagt, sie hätte gleich gespürt, dass da was ist. Sie erzählt ihm von ihren Kindern, ihrer Scheidung. Er hört ihr zu.

Ab jetzt wird Turan Hilde regelmäßig besuchen, sie werden sich auch Briefe schreiben. Sie ist anfangs zurückhaltend. Noch zwei Jahre lang leben sie in getrennten Wohnungen. »Ich wollte ihn erst besser kennenlernen, schauen, ob ich mit ihm auskomme«, erinnert sich meine Mutter. Doch Turan lässt nicht locker – denn sein Herz steht längst in Flammen. Für ihn heißt es: Hilde oder keine. (Ohne zu viel zu spoilern: Mit meiner großen Liebe, meiner Frau Radine, wird es mir ganz ähnlich ergehen. Aber davon später mehr.)

Hilde hat übrigens keinerlei Vorbehalte gegen Turans Nationalität oder seine Religion, sie will sich einfach sicher sein, dass es diesmal der Richtige ist. »Dass er Türke ist und ich

Deutsche, darüber habe ich gar nicht nachgedacht, solche Kategorien haben mich nicht interessiert.« Dass die Leute tuscheln, weil Turan Moslem ist, bemerkt sie natürlich trotzdem. Sie ignoriert es.

Umgekehrt spielt es für Turan keine Rolle, dass Hilde eine geschiedene Frau mit drei Kindern ist. »Deine Mutter hätte schon tausend Kinder haben können, ich hätte sie trotzdem heiraten wollen.« Für diesen Satz, den ich oft aus seinem Mund gehört habe, liebe ich meinen Vater sehr. So altmodisch er in vielen Dingen war, so modern konnte er auch sein. »Deine Mutter war eine so tolle Frau und so hübsch – alles andere war mir egal.« Und Angela, Fritz und Anya? Die seien für ihn bald wie seine eigenen Kinder gewesen, sagte er.

Über Religion hätten sie früh und offen gesprochen, erzählt meine Mutter. Und kamen schnell zu einer gemeinsamen Haltung: »Du sagst nichts über meinen Glauben, ich nichts über deinen.« Niemals hätte Turan verlangt, dass Hilde nun Kopftuch trägt oder sich anders kleidet. Warum auch? Er liebt sie genauso, wie sie ist.

Nach der Heirat will Hilde nicht umziehen, sie ist in der Gegend rund um ihre Wohnsiedlung schon viele Jahre lang fest verwurzelt. Außerdem gehen die Kinder in Waldhof in die Schule. Einen Ortswechsel will sie ihnen nicht zumuten. Deshalb zieht Turan bei ihr ein. Ab jetzt leben die beiden das klassische Modell, er bringt das Geld nach Hause, sie führt den Haushalt. »Die Mama muss nicht arbeiten«, sagt er, nicht ohne Stolz in der Stimme. Auch meine Mutter empfindet das Hausfrauendasein als Privileg. Es ist ihr ganzes Glück, sich um die Kinder kümmern zu können – und nicht wie früher zehn Stunden am Tag in einer Fabrik zu schuften.

Das ist sie, die Ehe meiner Eltern, in die ich 1976 hineingeboren werde.

Als Kleinkind und Grundschüler verbringe ich viele Stunden täglich mit meiner Mutter, unsere Bindung ist extrem eng. Manchmal verabreden wir uns sogar heimlich nachts im Wohnzimmer, wenn mein Vater schon schläft. Dann sitzen wir zusammen auf der Couch, essen Chips und führen leise Gespräche. Manchmal werde ich in diesen Nächten vor lauter Glück furchtbar traurig und sage zu ihr: »Mama, wenn ich dich verlieren würde, das wär' ganz schlimm für mich.« »Das wird nicht passieren«, antwortet meine Mutter und streichelt mir über den Kopf. Schon fließen bei uns beiden die Tränen.

Generell habe ich viel vom Wesen meiner Mutter geerbt, die Warmherzigkeit, die Emotionalität, auch die Ängstlichkeit. Von meinem Vater, der in Gefühlsdingen eher verschlossen war, kommt dafür der trockene Humor. So gesehen bin ich eine echte Mischung aus den beiden. Manchmal stand Turan nachts kopfschüttelnd an der Wohnzimmertür: »Warum sitzt ihr denn da? Geht doch mal ins Bett!« Aber einige Wochen später verabredeten meine Mutter und ich uns wieder. Sie kam einfach nach Mitternacht in mein Zimmer, guckte, ob ich noch wach war, und sagte leise: »Alla, hopp!« Schon sprang ich auf. Die Erinnerungen an diese nächtlichen Sofamomente trage ich tief in meinem Herzen.

Was ich dagegen gar nicht leiden konnte: Wenn die ganze Familie ins Bett ging und alle vor mir, dem Jüngsten, eingeschlafen waren. Das machte mir Angst. Ich schlich rüber zu meinen Eltern, oh nein, auch sie wandelten schon durch ihre Traumwelt. Nur ich war noch hier, ganz allein. Ich erinnere mich, dass ich das schrecklich fand; oft fing ich an zu weinen. Komischerweise habe ich beides, die Sehnsucht nach nächtlichen Zwiegesprächen und die Angst, als Letzter wach zu sein, an meine Kinder weitergegeben. Wenn mir nachts bange wurde, ging ich stets zu meiner Mutter und ließ mich von ihr trösten.

Mein Vater war eher fürs Sprücheklopfen zuständig. Außerdem konnte er temperamentvoll und aufbrausend sein, auch mal laut werden. Noch schlimmer war es, wenn Turan das Gefühl hatte, jemand wollte seine Frau oder seine Kinder angreifen. Dann flippte er richtig aus.

Diesen Löwenvater-Instinkt spüre ich ebenfalls tief in mir, und wehe, wenn der Löwe erwacht. Als ich im Sommer 2020 mit meiner Frau und den Kindern in Italien im Urlaub war – Corona gönnte Europa gerade eine kurze Verschnaufpause –, beklagten sich andere Gäste beim Personal. Unsere Kinder hätten am frühen Abend am Pool gespielt und dabei laut gelacht, sie fühlten sich gestört, das sei hier schließlich ein Sterne-Hotel, da könnte man wohl Ruhe erwarten. Ein Hotelmitarbeiter kam und sprach mich an. Ob unsere Kinder bitte leiser sein könnten.

»Wie bitte? Das sind Kinder! Und wir sind doch im kinderfreundlichen Italien.«

Der Mitarbeiter stammelte etwas verlegen rum. Es stellte sich heraus, dass Deutsche sich beschwert hatten. Na klar, dachte ich. Typisch! Das mag jetzt nach einem platten Vorurteil klingen (es hätten theoretisch auch Russen oder Franzosen sein können), aber ich kenne die Mentalität meiner Landsleute nur zu gut: Sobald Kinder ein bisschen lauter sprechen, wird in Deutschland sofort von allen Seiten »Pst, pst« gemacht.

»Sagen Sie den anderen Gästen, die sollen nächstes Mal direkt zu *mir* kommen, wenn sie sich über das Lachen meiner Kinder beschweren wollen!«

Hätte unser Nachwuchs stundenlang Pool- und Saunalandschaft belagert, gebrüllt, Sachen herumgeschmissen, Leute angerempelt, die Einrichtung zertrümmert, dann hätte ich den Vorwurf ernst genommen. Aber unsere Kinder sind erstens noch klein, zweitens nie ohne unsere Aufsicht unterwegs und drittens gut erzogen. Sie waren einfach nur fröhlich, haben gespielt und gekichert. Auch deshalb ist mir der Kragen geplatzt. Okay, ich hatte keinen Kragen an, ich war in Badehose. Aber die Brusthaare (die ich eigentlich auch nicht habe, weil ich sie abrasiere) haben sich vor Wut aufgestellt.

Am liebsten wäre ich zu diesen deutschen Gästen hingegangen und hätte sie sehr laut gefragt: »Fehlt es Ihnen an Liebe in Ihrem Leben – oder warum ertragen Sie kein Kinderlachen?«

Da ist es, mein türkisches Temperament, das man mir auf den ersten Blick oft nicht anmerkt. Dafür lebe ich es auf der Bühne aus: In der Figur des Mompfred steckt ein kräftiger Schuss dieser Aggressionen, die ich auch von meinem Vater kannte. Turan war nie gewalttätig, aber er konnte *stink*sauer werden, wenn ihm etwas gegen den Strich ging.

Worin wir uns dagegen deutlich unterscheiden: Mein Vater tat sich, wie viele Männer seiner Generation, schwer, seine

Gefühle offen auszusprechen. Als ich älter wurde, habe ich ihn darauf angesprochen.

»Warum sagst du eigentlich nie, dass du Mama liebst? Sag das doch mal!«

»Warum willst du das denn jetzt hören, Sohn?«, grummelte er.

»Darum«, insistierte ich. »Sag es.«

»Deine Mutter weiß genau, dass ich sie sehr liebe.«

»Jetzt hast du es doch gesagt«, trumpfte ich auf. »Mama, komm schnell her!«, rief ich – und zu meinem Vater: »Sag's noch mal.« Da musste er unweigerlich grinsen.

Je älter ich wurde, desto mehr interessierten mich die Ansichten und Einstellungen meiner Eltern. Warum waren sie, wie sie waren? Was dachten sie über das Leben? Wie sahen sie ihre Beziehung? Über alles wollte ich mit ihnen diskutieren, laufend löcherte ich sie. Später hat meine Mutter mir gestanden: »Durch deine vielen Fragen sind dein Vater und ich beide lockerer geworden.« Meine Geschwister wunderten sich: Was, du redest mit den Eltern über Liebe? Sogar über Sex? »Warum denn nicht?«, erwiderte ich. Heute lacht meine Mutter darüber – aber ein bisschen rot wird sie immer noch.

Als mein Vater älter wurde, kam mehr und mehr seine weiche Seite zum Vorschein; auch seine Strenge gegenüber uns Kindern ließ nach. Herzlich, fürsorglich und gastfreundlich war er immer schon gewesen, aber ansonsten kein Mann für väterliche Umarmungen oder Küsse. Das kannte er auch von zu Hause nicht. Sein Vater war ein islamischer Religionsgelehrter gewesen, ein Hodscha. Früh wurde Turan, der jüngste

Sohn der Familie, aus dem Haus geschickt und ging auf ein Internat. Der Umgang zwischen Eltern und Kindern sei distanziert und streng gewesen, erzählte mein Vater oft. »Ich wurde nicht so verhätschelt wie du von deiner Mutter.« Und was er mir ebenfalls ständig unter die Nase rieb: »Du kommst nach deinem Großvater – der hat auch nicht viel gearbeitet.« Dann lachte er laut.

Das war so Turans Humor. Er meinte das eigentlich als Kompliment. Für ihn war klar, dass ich niemals ein »Schaffer« wie er werden würde, einer, der mit den Händen sein Geld verdient. Eher mit dem Kopf, wie der Hodscha. Dazu haute er mir männlich-freundschaftlich auf die Schulter oder wuschelte ungeschickt in meinen Haaren herum. Alles eine Spur grober, als ich es von meiner Mama kannte.

»Mensch, Vadda, hör mal auf damit!«

Seine Liebe zeigte Turan uns auf andere Weise: Für ihn stand zum Beispiel felsenfest, dass man als Mann für die Familie sorgen musste. Und wenn man keinen Job hatte, suchte man sich einen. »Dann musst du dir was einfallen lassen«, erklärte mir mein Vater. »Notfalls musst du Toiletten putzen.« Er selbst hätte jederzeit alles auf sich genommen, um uns ein gutes Leben zu ermöglichen, daran hatte in der Familie niemand den geringsten Zweifel.

Die politische Entspannung in der Türkei hielt nicht lange an; jedenfalls flogen meine Eltern nach 1975 für viele Jahre nicht mehr in die Heimat meines Vaters. Erst als Turan Ende der 1980er Jahre die doppelte Staatsbürgerschaft bekam und nun endlich einen deutschen Pass besaß, wagte er erneut die Einreise. Regelmäßig verbrachten meine Eltern und ich ab jetzt die Sommerferien in der Türkei; ich lernte Istanbul kennen, Adana, Alanya. Später, als junger Erwachsener, besuchte ich ohne meine Eltern endlich auch das Dorf der Ceylans nahe der Stadt Sivas in Anatolien. Die Gegend ist wunderschön, geprägt von Bergen, uralten Städten und Siedlungen. Im Haus meines Onkels wurde ich sehr herzlich aufgenommen. Die Mutter meines Vaters war zu diesem Zeitpunkt allerdings schon tot.

Meine türkischen Großeltern habe ich also nie kennengelernt. Ich weiß aber, dass meine Oma stets ein Foto ihres jüngsten Sohnes Turan und ihres Enkels Bülent, die beide im fernen Deutschland lebten, unter ihrem Kopfkissen liegen hatte.

3 Von Budapest nach Mannheim

Mein Vater ist nicht der Einzige in meiner Familie, der seine Heimat verlassen musste. Auch die frühsten Erinnerungen meiner Mutter, geboren 1942, sind von Krieg und Flucht geprägt. Wir haben für dieses Buch lange über ihre Kindheit gesprochen; einige Geschichten kannte ich schon, andere hat sie mir zum ersten Mal ausführlicher erzählt. Meine Mutter ist ein sehr bescheidener Mensch, sie sagt immer, sie könne sich nicht so gewählt ausdrücken und kenne keine Fremdwörter. Ich finde aber, niemand kann ihre Gefühle und Erinnerungen von damals eindrücklicher schildern als sie.

Deshalb soll Hilde im Folgenden selbst zu Wort kommen:

Bis heute kann ich mir keine Kriegsfilme im Fernsehen anschauen, ich fange sofort an zu schluchzen wie ein Kind. Geboren bin ich in Ungarn, als sogenannte Ungarndeutsche. Unsere Familie lebte schon seit Generationen in Budapest. Meine Eltern hießen Heinrich und Mathilde Merkel. Meine Schwester Anna war neun

Jahre älter, sie hat die Kriegsjahre natürlich viel bewusster erlebt als ich. Meine Erinnerungen beginnen mit einer Szene 1944 während der monatelangen Schlacht um die Stadt. Ich weiß nur noch, da war ein Keller, da waren meine Mutter, meine Schwester und ich. In meiner Hand hielt ich eine Stoffpuppe, die ich verzweifelt umklammerte. Ich muss wohl laut geredet haben, jedenfalls ermahnte mich meine Mutter ständig: »Sei still! Sei still!« Ich habe immer noch den ängstlichen Unterton in ihrer Stimme im Ohr. Doch meine Mutter hatte offenbar etwas Wichtiges in der Wohnung vergessen, jedenfalls schickte sie meine Schwester los: »Renn rüber, hol es schnell!« Meine Schwester gehorchte, obwohl auch sie panische Angst hatte. Minuten später kam sie weinend zurück: Direkt vor ihr war eine Granate eingeschlagen. Sie muss einen aufmerksamen Schutzengel gehabt haben an diesem Tag.

Eine andere Erinnerung: Die Russen, große Männer in militärischer Ausrüstung und mit schweren Stiefeln, liefen durch unsere Wohnung. Ich stand im Kinderbettchen. Meine Mutter war mit uns Mädchen alleine. Einer der Soldaten trat an mein Bett und sagte ein paar freundliche Laute zu mir. Doch ich schleuderte ihm ein deutsches Schimpfwort entgegen. Er wurde kurz wütend, fuchtelte mit der Waffe herum, aber ein anderer Soldat beruhigte ihn. Am Ende schrieben sie nur alles auf, was sich in der Wohnung befand, und verschwanden wieder. Starr vor Angst waren wir trotzdem noch lange. Und obwohl ich damals ein Kleinkind war und nichts verstand von dem, was um mich herum passierte, habe ich mich noch viele, viele Jahre lang gefürchtet und geschämt – wegen dieses Schimpfworts. Hatte ich die Sicherheit meiner Familie aufs Spiel gesetzt? Vielleicht würde der Soldat zurückkommen und mich holen …?

Als wir 1945 nach Kriegsende aus Ungarn Richtung Süddeutschland flohen, waren wir wochenlang unterwegs, verdreckt und verlaust. Es gibt ein Foto von mir damals, da habe ich keine Haare auf dem Kopf, sie waren mir entweder abrasiert worden oder wegen der Läusemittel ausgegangen. Einmal rastete unser Tross auf einer großen Wiese nahe einer Kleinstadt. Plötzlich läuteten die Kirchenglocken. Alle liefen zusammen. Der Bürgermeister des Ortes war zu uns gekommen, auch viele Soldaten sah ich, vermutlich Amerikaner. Sie brachten uns Care-Pakete. Ich kann nicht beschreiben, wie sehr mich diese Erinnerung bewegt, mir laufen heute noch, über 70 Jahre später, die Tränen über die Wangen, wenn ich daran denke. Das köstliche Essen, der himmlische Glockenklang, die herzlichen Willkommensgrüße, das hat mich als Kind völlig überwältigt. Ich kannte ja nur Angst und Krieg.

Schließlich kamen wir in Sulzbach in Südhessen an. Zunächst schliefen wir in einem Lager, von dort aus wurden die Neuankömmlinge in der Region verteilte. Uns schickte man in ein Bauernhaus. Die Familie, die dort lebte, gab uns ein kleines Zimmer im Dachgeschoss, vielleicht acht Quadratmeter groß. Das Zimmer konnte man über eine alte Holztreppe erreichen, es lag am Ende eines dunklen Gangs. In diesem Gang standen einige Schränke, hier durften wir unsere wenigen Habseligkeiten, Kochutensilien und Geschirr lagern. In das Zimmer selbst passten nur die Betten und ein Ofen. Es war eine erbärmliche Unterkunft, aber wir waren froh, überhaupt ein Dach über dem Kopf zu haben.

Bald fing mein Vater wieder an zu arbeiten. Weil Mannheim stark zerbombt war, räumte er mit Tausenden anderen dort die Trümmer weg. Nur am Wochenende kam er zu uns in das Dorf nahe Sulzbach. Meine Mutter musste sich derweil mit den Bauersleuten arrangieren. Sie bekam für uns drei jede Woche eine Handvoll Kartoffeln, dafür mussten wir aber auch mitarbeiten. Ich musste, und da war ich vielleicht gerade mal sechs Jahre alt, regelmäßig das Plumpsklo im Hof mit einer langen Stange reinigen, eine ekelhafte und schwere Arbeit. In der Küche half ich, das alte Waschbecken zu schrubben. Immer hatte ich Hunger. Doch vom vollen Obstteller der Familie durfte ich mir nie auch nur einen einzigen Apfel nehmen.

Einmal saßen Bauer und Bäuerin mit ihren Kindern in der Stube am Tisch. Ich hatte meine Arbeit beendet und stand schüchtern am Türrahmen. »Krieg ich auch ein Käsebrot?«, fragte ich mit leiser Stimme. »Geh, Hilde!«, sagte die Bäuerin und machte mit der Hand so eine Bewegung, als wollte sie mich wegscheuchen. Sofort zog ich meinen Kopf zurück. Die älteste Tochter hatte wohl Mitleid mit mir, jedenfalls redete sie auf ihre Mutter ein. »Gib doch der Hilde was.« Daraufhin rief mich die Bäuerin wieder herein. Widerwillig schmierte sie mir ein Brot mit Quarkkäse und hielt es mir wortlos hin. Ich nahm es, rannte nach oben in unsere Kammer und aß es gierig auf.

Insgesamt begegnete uns die Bevölkerung wenig freundlich. Wir waren zwar Deutsche, wie sie, aber wir waren auch Fremde. »Rucksack-Verschleppte«, sagten sie zu uns. Der abfällige Unterton war deutlich zu hören. Man traute uns nicht, man wollte uns nicht. Irgendwann ging mein Vater zu einer örtlichen Versammlung. Er konnte ganz gut reden und brachte vor der Gemeinde seinen Standpunkt vor: »Ihr dürft uns nicht mehr Rucksack-Deutsche oder Flüchtlingsschweine nennen! Wir mussten weg, wir hatten keine Wahl. Wir sind Heimatvertriebene, das ist das richtige Wort.« Nachdem mein Vater und andere ihre Stimme erhoben und auch der Bürgermeister und der Landrat öffentlich Stellung für die Vertriebenen bezogen hatten, veränderte sich die Stimmung langsam. Die Anfeindungen wurden weniger, das Leben ein bisschen leichter.

Wir blieben noch einige Zeit in dem Bauernhaus, dann fand mein Vater in einer Glas- und Spiegelfabrik Arbeit, und wir zogen um nach Mannheim. In einen Wohnblock »in de Tschäänau« (im Stadtteil Schönau) mit ›Pendler-Wohnungen‹, so nannte man diese einfachen, sehr minderwertig gebauten Unterkünfte. Dort hatten wir endlich unsere eigenen vier Wände.

In diesem Barackenwohnblock, der mittlerweile abgerissen wurde, lebten meine Großeltern Heinrich und Mathilde Merkel tatsächlich bis an ihr Lebensende. Ich habe lebhafte Erinnerungen an ihre Wohnung: Sie war winzig klein und eng. Immer war es kalt dort. Der Fernseher stand in der Küche ganz oben auf einem Schrank. Außerdem besaßen meine Großeltern eine uralte Couch mit einer gemusterten Decke, die, wie alles andere auch, muffig roch. Es gab kein richtiges Bad, nur ein Klo und ein Waschbecken. Dagegen war unsere Wohnung auf dem Waldhof geradezu luxuriös.

Sicherlich hätte mein Opa Heinrich sich im Laufe seines Lebens noch mal einen Umzug und eine andere, etwas komfortablere Mietwohnung leisten können. Aber er war extrem geizig, vielleicht eine Spätfolge der Vertreibung. Nachdem er alles verloren hatte beziehungsweise zurücklassen musste, versuchte er krampfhaft, sein Geld zusammenzuhalten. Die niedrigen Kosten der Mietwohnung kamen ihm da recht – und so blieben meine Großeltern einfach dort.

Aber wir Kinder waren so glücklich beim Einzug! Es war eine Zweieinhalbzimmerwohnung und das halbe Zimmer, eine kleine Kammer, war nun unser Kinderzimmer. Meine Mutter Mathilde achtete sehr darauf, dass die Räume stets sauber, ordentlich und aufgeräumt waren. Unsere Armut war trotzdem nicht zu übersehen. Arm zu sein ist aber auch keine Schande, finde ich.

Leider kam der missliche Umstand dazu, dass meine Großeltern eine sehr schlechte Ehe führten. Sie redeten kaum miteinander und wenn, dann regten sie sich übereinander auf. Eigentlich hätten sie sich trennen sollen. Aber sie waren katholisch, und es stand für beide fest, man bleibt zusammen bis zuletzt. Scheidung war undenkbar – auch wenn es längst keine Liebe mehr zwischen ihnen gab. Erst nach dem Tod seiner Frau hat Heinrich Mathilde schmerzlich vermisst. Doch da war es zu spät.

Zu Lebzeiten hatten sie einander nichts Freundliches zu sagen. Geschweige denn, dass sie füreinander Gefühle gezeigt hätten. Schon als Kind fiel mir das auf – auch weil ich einen so lieblosen Umgang von zu Hause überhaupt nicht kannte.

Es war allerdings auch eine schwere Zeit, denn anfangs hatten wir buchstäblich nichts. Möbel? Dazu musste mein Vater erst einmal wieder etwas Geld verdienen. Nur langsam füllten sich die neuen Räume. Ich erinnere mich noch an die Freude der ganzen Familie, als wir den ersten Kühlschrank kaufen konnten. Für eine Waschmaschine reichte es allerdings nicht. Mein Vater fing leider mit der Zeit an, zu trinken und zu rauchen; sicher hatte das mit seinen Erlebnissen während des Krieges zu tun. Das führte immer wieder zu Streit zwischen meinen Eltern. Meine Mutter hasste den Geruch seiner selbstgedrehten Zigaretten. Und mit dem ständigen Saufen war sie auch nicht einverstanden.

Ich ging erst zur Grund-, dann zur Volksschule. Nach acht Jahren war ich damit fertig. Es war normal, mit 14 Jahren die Schule zu beenden und dann gleich arbeiten gehen zu müssen. Nur die allerwenigsten Kinder durften einen höheren Abschluss machen. Mein Vater sah sich nach einer passenden Stelle für mich um – und fand sie schließlich auf der Breiten Straße in der Mannheimer Innenstadt. Dort verkaufte ein Geschäft Nähmaschinen und war auf der Suche nach einem ›Vorführmädchen‹. Ich bekam die Stelle und saß ab nun jeden Tag im Schaufenster und nähte. Eineinhalb Jahre lang habe ich das gemacht.

Doch die Stelle gefiel mir nicht. Als Lehrmädchen wurde ich von meinen Vorgesetzten schlecht behandelt, und weil ich still und schüchtern war und immer Angst hatte, dass man mir kündigen könnte, ließ ich mir vieles gefallen. Als eine Kollegin eines Tages erzählte, dass in einer benachbarten Unterwäschefabrik Näherinnen gesucht wurden, bewarb ich mich dort.

Ich war noch keine 16 Jahre alt, da nähte ich im Akkord Korsette, BHs, Miederhosen. Wenn man fertig war, musste man die Wäschestücke vorne bei der Vorarbeiterin abgeben, zur Kontrolle. Hatte man Fehler gemacht, bekam man den ganzen Berg zurück. Dabei war es gar nicht immer meine Schuld gewesen. Manchmal ruckelten und stockten die alten Nähmaschinen, dann gelangen die Nähte einfach nicht. Oft habe ich deshalb keine Mittagspause machen dürfen, sondern musste stattdessen mühsam die Fäden wieder auftrennen.

Der Druck in der Fabrik belastete mich nervlich sehr. Zwei Jahre hielt ich das durch, dann wurde ich schwanger. Mit 17. Im Herbst 1959 heiratete ich meinen ersten Mann, im April 1960 kam meine älteste Tochter Angela zur Welt. Von meinen Eltern bekam ich als junge Mutter wenig Unterstützung, meine Mutter kommentierte meine frühe Eheschließung und meine Schwangerschaft nur mit den Worten: »Du hast es ja so gewollt.« Kurz darauf wurde mein Sohn Fritz geboren, sieben Jahre später die Anya. Ab jetzt blieb ich zu Hause.

Ich kann mich an Heinrich und Mathilde gut erinnern. Meine Oma starb, als ich sieben war. Mein Opa zwei Jahre später. Sein Geiz war so legendär, dass er niemals auf die Idee gekommen wäre, seinen Enkeln etwas zum Geburtstag zu schenken. Er trank und rauchte wie gesagt viel. Einmal schaffte ich es als Achtjähriger dennoch, ihm ein paar Münzen zu entlocken. An diesem Tag war ich allein mit ihm unterwegs. Wir betraten zusammen eine Gaststätte. In der Ecke sah ich einen Flipperautomaten.

»Opa, darf ich das spielen?«

»Kann man da was gewinnen?«

»Ja, ich kann das.«

Daraufhin gab er mir zwei Mark. Ich spielte eine Weile, dann war das Geld weg.

»Wo ist jetzt mein Geld?«, fragte mein Opa, ehrlich entrüstet.

»Da drin.« Ich zeigte auf den Automaten.

»Du hast doch gesagt, man kann was gewinnen!«

»Ich habe gewonnen, ich habe 150 Punkte geschafft.«

Mein Opa fand das gar nicht witzig, im Gegenteil, er regte sich tierisch auf. Offenbar hatte er ernsthaft geglaubt, sein kleiner Enkel könnte ihm am Spielautomaten einen fetten

Gewinn bescheren. Nun war er wütend, dass ich seine Investition verschleudert hatte. Ich versuchte, ihm zu erklären, dass das ein »Spiel« sei. Mal gewinnt man, oft verliert man. Doch er hörte mir gar nicht mehr zu.

Dabei hatte er durchaus Sinn für Humor. Meist zeigte sich das in etwas garstigen Äußerungen über Dinge, die er nicht mochte. Karnevalsumzüge zum Beispiel hasste er so inbrünstig, dass er sich am Rosenmontag nie eine boshafte Bemerkung verkneifen konnte: »Da würde ich jetzt gern drüber fliegen und Backsteine runterschmeißen.« Über solche selbst gezimmerten Witze konnte er sich kaputt lachen: »Backsteine, des wär's jetzt.« Har, har.

Als mein Vater das erste Mal bei seinen deutschen Schwiegereltern zum Essen eingeladen war, stellte Mathilde einen Teller mit Fleisch auf den Tisch.

»Ist das Schwein?«, fragte mein Vater.

»Nee, des kannscht esse', des is nur Speck«, meinte mein Opa.

Mein Vater griff zu. Erst zu Hause wurde ihm klar, was er da verspeist hatte. Heinrich fand's lustig.

Grundsätzlich hatte mein Opa aber großen Respekt vor meinem Vater. Anfangs waren meine Großeltern nicht begeistert, dass ihre Tochter nun in zweiter Ehe mit einem Türken verheiratet war, aber mit der Zeit akzeptierten sie den neuen, »starken« Mann an Hildes Seite. Einmal, als ich als kleiner Junge bei meinen Großeltern zu Besuch war und nicht gleich spurte, hob mein Opa die Hand, als ob er mich ohrfeigen wollte. »Hörst du auf!«, rief meine Oma. Beide wussten: Hätte mein Opa mir auch nur einen Klaps versetzt, hätten sie richtig Ärger mit meinem Vater bekommen. Turan hätte nie geduldet, dass jemand gegen seinen Sohn die Hand erhebt. Und jederzeit hätte er sich gegenüber seinen deutschen Schwiegereltern durchgesetzt.

Stark war Turan wirklich – und damit genau das, wonach sich meine Mutter sehnte. Außerdem war er bezüglich Geld und Großzügigkeit das genaue Gegenteil seines knauserigen Schwiegervaters. Natürlich häufte mein Vater Zeit seines Lebens keine Reichtümer an, aber er konnte trotzdem von Herzen geben. Ich kann mich nicht erinnern, dass er meine Mutter je zur Sparsamkeit angehalten hätte. Im Gegenteil, er versuchte, ihre und unsere Wünsche meistens zu erfüllen. Meine Mutter, tief dankbar für seine Verlässlichkeit und Fürsorglichkeit, verwöhnte ihn dafür zu Hause nach Strich und Faden. Manchmal eine Spur zu viel, wie sie heute offen zugibt.

Nur Schweinefleisch ersparte sie ihrem türkischen Mann auf Dauer auch nicht; Rind, Lamm oder andere Alternativen waren einfach zu teuer für unseren sechsköpfigen Haushalt. Der dazugehörige Standarddialog meiner Eltern klang so, während sie zusammen ihre Köpfe über die Töpfe in der Küche beugten:

»Gibt's nix onneres?«, fragte mein Vater mit Blick auf die Koteletts.

»Nee, gibt nix onneres«, antwortete meine Mutter.

»Na gut. Ma' will als Moslem auch net verrecke'. Mach's Licht aus, dann sieht Allah es nicht.«

»Alla, gut.«

Bei meinen Großeltern hatte die Sparsamkeit eine völlig

andere Dimension. Auch als Rentner in den 1970er und frühen 1980er Jahren änderten sie ihren Lebensstil nicht mehr. Nicht ein einziges Mal fuhr mein Opa mit meiner Oma in Urlaub. Zum einen hatten sie ohnehin keine Lust, Zeit miteinander zu verbringen, zum anderen gönnten sie sich finanziell nie etwas. Sie sahen einfach zu, wie ihre Lebenszeit verrann. Tag für Tag, Jahr um Jahr. Ich empfand das als schlimm, auch wenn ich damals noch nicht so genau sagen konnte, was mich an meinen Großeltern so deprimierte.

Später, als junger Erwachsener, sah ich ihre zerrüttete Ehe, ihr freudloses Leben klarer. Und ich begriff, dass ihr Leben immer von Krieg und Flucht überschattet blieb, auch als sie äußerlich längst in ihrer neuen Heimat Mannheim angekommen waren. Vielleicht mache ich deshalb so gern große Reisen mit meiner Familie. Ich möchte mein Leben genießen, jeden einzelnen Tag. Und ich möchte hilfsbereit und großzügig sein, nicht nur denen gegenüber, die ich liebe – sondern gegenüber möglichst vielen Menschen.

Eines Tages wurde meine Oma schwer krank. Diagnose Magenkrebs. Sie lag im Krankenhaus, das Ende war für alle absehbar. Nur nicht für mich, ihren kleinen Enkel. Ich stand an ihrem Bett, sie war vom Morphium schon ganz benommen, da nahm sie meine Hand:

»Nimm mi' mit ham!« Nimm mich mit nach Hause. Ihr Dialekt klang immer noch süddeutsch, typisch Donauschwaben.

»Die schneiden mich mit dem Messer auf!«, insistierte sie. »Nimm mi' mit ham!«

Sie realisierte offenbar gar nicht mehr, dass da nur ein kleiner Junge an ihrem Bett stand. Dieser Satz, dieser Hilfeschrei, hat mich tief bewegt. Ich wusste nicht, was ich tun, wie ich ihr helfen sollte. Wenige Tage später war sie tot.

Ich weiß noch, wie ich nach dem Anruf des Krankenhauses still im Kinderzimmer saß. War ich nun schuld? Weil ich sie nicht mit nach Hause genommen hatte? Weil ich zugelassen hatte, dass sie mit einem Messer aufgeschnitten worden war? Nebenan hörte ich meine Mutter. Sie weinte und weinte und weinte und konnte sich gar nicht beruhigen. Auch Opa Heinrich brach – komischerweise, muss man sagen – der Tod seiner Frau Mathilde das Herz. Er überlebte sie nur noch um zwei Jahre.

Alles in allem war das keine gute Zeit für meine Mutter. An vielen Tagen sah ich sie trauernd und mit verquollenen Augen in der Küche sitzen, wenn ich aus der Grundschule kam. In mir erwuchs der Wunsch, sie irgendwie aufzuheitern. Aber wie? Zum Beispiel einen Bademantel anziehen, einen Besen in die Hand nehmen und als Hexe vor ihr auftreten? Ich verkleidete mich, ich spielte ihr kleine Geschichten vor, ich tanzte vor ihr – bis ich ein kleines Lächeln auf ihr Gesicht gezaubert hatte. Lachte sie, war ich am Ziel. Das Schönste für mich aber war, wenn meine Mutter, manchmal fast wider Willen, in helles Gelächter ausbrach. Meine Mutter hat ein wunderbar herzliches Lachen; wenn sie einmal anfängt, dann hört sie gar nicht mehr auf zu lachen.

So etablierten sich die kleinen Küchenauftritte. Und egal, wie es ihr damals ging, nie schickte sie mich schlecht gelaunt weg oder hörte nur mit halbem Ohr zu. Ich hatte immer ihre volle Aufmerksamkeit. Stimmt's, Mama?

*Ja, das stimmt. Und eigentlich fing das mit den Ge-
schichten auch schon viel früher an. Schon im Kindergarten wolltest du morgens immer deinen Stoffraben
Rudi mitnehmen. Nachmittags beim Abholen erzählte
mir die Kindergärtnerin, dass du wie ein Puppenspie-
ler mit Rudi Dialoge vorgeführt hattest. Als Schulkind
hast du das zu Hause weiter ausgebaut. Du warst nie
ein ›Straßenjunge‹, der den ganzen Tag draußen mit
den anderen herumrannte. Du warst gern daheim, sehr
häuslich veranlagt. Pünktlich zur Kaffeezeit standest du
oft mit deinen Requisiten vor mir, ich saß auf einem
Stuhl in der Küche. Und dann ging es los. Ich glaube,
ich war ein gutes Publikum, voll konzentriert. Jedenfalls
fühlte ich mich immer, als säße ich im Theater.*

In dieser Zeit fing ich an, Stimmen zu imitieren. Mein Idol
war der Schweizer Kabarettist Emil Steinberger. Er machte
auf der Bühne verschiedene skurrile Typen nach, die oft um-
ständlich etwas erzählten oder erklärten. Ich wiederum fing
an, ihn nachzumachen mitsamt seinem Schweizer Dialekt.
Einmal war meine Mutter auf der Couch im Wohnzimmer eingeschlafen. Ich nahm meinen Kassettenrekorder und beugte
mich über sie. Mit dem Schweizer Zungenschlag von Emil
Steinberger fing ich an zu beschreiben, was ich sah: »Da liegt
sie, die Frau, und schläft. Die Füße hängen herunter, die Arme
auch. Ihre Augen sind zu. Hhmm, sie sollte vielleicht mal ihr
Gesicht eincremen, ihre Haut sieht ganz trocken aus.« Als
meine Mutter erwachte, spielte ich ihr meine Tonaufnahme
vor. Hilde fiel vor Lachen fast von der Couch.

Bald vergrößerte ich mein Repertoire. Ich konnte den donauschwäbischen Singsang nachmachen, den meine Mutter mit ihrer Schwester am Telefon sprach, breiten Mannheimer Dialekt beherrschte ich sowieso. Auch Wiener Dialekt hatte ich drauf. Und Sächsisch. Ich bemerkte, dass Dialekte etwas waren, womit man Menschen sehr schnell zum Lachen bringen konnte.

Und noch etwas fiel mir staunend auf: Wenn andere Menschen lachten, wenn sie über *mich* lachten – dann ging es auch mir augenblicklich gut. Dann durchströmte mich ein unglaubliches Glücksgefühl.

Wie wichtig das für mein weiteres Leben werden sollte, ahnte ich allerdings noch nicht.

4 Billy, der Türk und ich

Der Name Bülent bedeutet der Erhabene, der Edle, der Groß-gewachsene. Ceylan heißt auf Türkisch Gazelle. Ich bin sozu-sagen das Bambi unter den Komikern.

In meiner Kindheit und Jugend war der Name allerdings ein Problem. Wenn ich gefragt wurde, wie ich heiße, verstan-den die Leute alles mögliche:

»Wie bitte? Bülän? Buland?«

»Bü-Len-T«, musste ich immer wieder erklären.

Dabei war mir mein eigener Name auf eine Art genauso fremd wie meinen Lehrern, unseren Nachbarn oder den anderen Kindern. Meine Geschwister hatten es da einfa-cher. Sie trugen leicht auszusprechende Namen, die jeder kannte. Angela, Fritz, Anya – und dann war da noch ich, der B. Ü. L. E. N. T. Mein Name war niemandem geläufig, das merkte ich schnell. Ich ragte damit merkwürdig aus der Geschwistergruppe heraus. Darüber hinaus störte es mich sehr, wenn mein Vorname – von meinem Nachnamen ganz zu schweigen – falsch artikuliert wurde. (Ceylan spricht sich

übrigens korrekt »Tschäilan« aus, und nein, es ist keine Tee-
sorte aus Sri Lanka.)

Meine Schwester Anya spürte mein Unbehagen. Irgend-
wann im Laufe meiner Gymnasialzeit meinte sie deshalb:
»Komm, wir erfinden einen coolen Spitznamen für dich.«
Anya war damals ein großer Nena-Fan. Noch mehr liebte sie
Billy Idol. So waren wir uns schnell einig: Ab jetzt würde ich
mich nach dem berühmten britischen Rockmusiker nennen.

»Wie heißt du?«

»Billy.«

Keine Nachfragen. So blieb es für den Rest meiner Schulzeit, bis zum Abitur.

Damit hatte ich auch ein weiteres Problem gelöst, das
mich als Teenager zunehmend umtrieb: Niemand erwar-
tete von einem Billy, dass er türkisch sprach. Nur noch bei
Verwandtenbesuchen oder während unserer Türkei-Urlaube
wurde ich an meine vermeintliche Unzulänglichkeit erinnert.
Schon bei der Einreise, mit Blick auf meinen Pass, sprachen
mich die Grenzbeamten stets auf Türkisch an. Auch wenn
ich beharrlich mit den Schultern zuckte und höflich bat:
»I don't speak Turkish, could you please speak English?« Die
Beamten runzelten die Stirn und redeten einfach auf Türkisch weiter. Diese Erwartungshaltung, die die ganze Welt
an mich heranzutragen schien, nur weil ein türkischer Name
in meinem Ausweis steht, hat mich bis ins Erwachsenenalter
teilweise richtig wütend gemacht. Ich wollte durchaus gern
Fremdsprachen können. Aber lieber lernte ich dann Englisch.
Spanisch. Sogar Russisch.

Ich möchte auf keinen Fall, dass diese Zeilen missverstanden werden. Denn ich schätze die türkische Kultur sehr, ich mag Land, Leute und die Sprache! Aber irgendwo in mir schlummert noch immer dieses bockige Kind, das sich bestimmt tausend Mal von wildfremden Menschen die Frage anhören musste: »Wieso kannst du denn kein *Türkisch*?« Der innere Widerwille, der daraus erwuchs, hat mich bisher leider davon abgehalten, mich mit der Sprache meiner Vaters näher zu beschäftigen.

Doch bis zum Teenager Billy war es noch ein langer Weg. Erst mal wurde ich im Waldhof eingeschult. In meiner Klasse: hauptsächlich deutsche Kinder. Dass ich irgendwie ausländische Wurzeln hatte, machte schnell die Runde. Es muss in der ersten oder zweiten Klasse gewesen sein, als ein älterer Junge mich ansprach:

»Ey, du Türk.«

Nie zuvor hatte das jemand zu mir gesagt, aber ich hörte am Unterton, dass es abwertend, als Schimpfwort gemeint war. Vor diesem Jungen hatte ich ohnehin eine Heidenangst. Er war schon zweimal sitzengeblieben, deutlich größer als der Rest der Klasse – und den anderen Kindern gegenüber aggressiv und unberechenbar. Auch seine älteren Brüder, gefühlt ein einziger Schlägertrupp, waren an der Schule berühmt-berüchtigt.

Schnell wurde ich, der Zurückhaltende, von ihm zum Opfer auserkoren. Oft verabredeten sich die Jungs aus der Schule, um »den Türk« nach dem Unterricht »zu verschlagen«. Ich wehrte mich ein bisschen, aber nicht deutlich und heftig genug. Und so wurden die Angriffe immer häufiger. Bis heute denke ich, dass ich nur einmal einen kräftigen Schlag gegen meinen Hauptgegner hätte platzieren müssen – dann wäre Ruhe gewesen. Dann hätte ich mir Anerkennung verschaffen können. Doch ich traute mich nicht. Natürlich löst man Gewalt nicht mit Gegengewalt, das weiß ich. Aber Reden und Diskutieren brachten mich als Grundschüler nicht weiter. Daher träumte ich nur davon, richtig fest zurückzuschlagen. Es hätte mir gefallen, wenn unter den Jungs die Erkenntnis die Runde gemacht hätte: Wir sind zwar stärker als Bülent, aber austeilen kann der auch. Wer sich mit ihm anlegt, kriegt auf jeden Fall was ab. Lassen wir es lieber.

Doch stattdessen war ich verzagt. Meistens ließ ich die Demütigungen über mich ergehen. Am schlimmsten war es, wenn die Jungs verlangten, dass ich mich vor ihnen in den Dreck legte. »Auf die Knie mit dir!« Ich fühlte mich in diesen Momenten so ohnmächtig. Anschließend explodierte der Zorn in meinem Kopf. Manchmal schrie ich ihn auf dem Heimweg aus mir heraus.

Meiner Mutter sagte ich nichts von den Zwischenfällen, sie sollte sich keine Sorgen machen. Meinem Vater schon gar nicht, er sollte nicht wütend werden und einschreiten. Ich wollte damit alleine fertigwerden. Also fraß ich alles in mich hinein.

Der Waldhof, das muss man vielleicht dazusagen, war damals keine gute Gegend. Die meisten Kinder stammten aus armen, viele aus schwierigen sozialen Verhältnissen. Da wurde niemand nachmittags zum Klavierunterricht oder zum Reiten gefahren. Es gab keine Mobbing-Präventions-Teams an den Schulen und keine Helikoptereltern, die stets im Blick hatten, was der Nachwuchs so trieb. Stattdessen gab es Familien, die im ganzen Viertel verschrien waren. Für ihre Gewalttätigkeit, ihr kriminelles oder asoziales Verhalten. Man kannte auch Jugendliche, die an einer Überdosis gestorben waren. Auf dem Schulhof oder auf der Straße, unter uns Kindern, galt das Recht des Stärkeren. Nicht falsch verstehen: Ich mag den Waldhof, ich bin ein Kind vom Waldhof, ich halte immer zum Waldhof. Die Gegend hat mich auch im Positiven sehr geprägt. Aber es war definitiv ein hartes Pflaster, mehr Ghetto als bürgerlicher Vorort.

Dass ich in der Grundschule in die Opferrolle geriet, lag auch an meinem Wesen. Es steckt viel von meiner Mutter, von der ängstlichen, gefühlvollen Hilde in mir. Kein Mann gibt gern zu, dass er ein »Weichei« ist, aber – ja, ich war ein weiches Kind. Das spürten die anderen, deshalb drangsalierten sie mich so gern. Einmal rammte mir der Junge, der es am meisten auf mich abgesehen hatte, einen riesigen Dorn ins Bein, den er von einer Robinie abgerissen hatte. Diesmal konnte ich es nicht vor meiner Mutter verbergen. Sie fuhr erst mit mir ins Krankenhaus, dann ging sie rüber zur Familie des Übeltäters und klingelte. In unseren Häuserblocks kannte sich ohnehin jeder. Ruhig, aber entschieden redete meine Mutter auf die Mutter des Jungen ein. So gehe das nicht. Meinem Vater erzählten wir lieber nichts davon, Turans Auftritt bei den Nachbarn hätte ganz anders ausgesehen. Der Junge zeigte sich reumütig, eine Weile ließ er mich danach in Ruhe. Doch nach einer kleinen Verschnaufpause ging alles wieder von vorn los.

Nachmittage lang saß ich zu Hause und sann auf Rache. Nur wie sollte ich das anstellen?

In diesen Jahren muss er erwacht sein: der Ehrgeiz, der mich seitdem begleitet und durchs Leben trägt. Schon als Viertklässler begriff ich unbewusst: Ich kann nur triumphieren, wenn ich etwas erreiche. Ich musste besser sein als die anderen. Viele der Jungen würden nach der Grundschule auf die Hauptschule wechseln, das stand fest. Mein Plan sah anders aus.

Das mag jetzt akademisch sehr versnobt klingen, denn alle Schulformen haben natürlich ihre Berechtigung. Aber ich möchte in diesem Buch schonungslos ehrlich sein, auch wenn ich dabei vielleicht nicht gut dastehe. Die Wahrheit ist: Es verschaffte mir schon als Zehnjähriger eine unendliche Genugtuung, dass ich bessere Schulnoten hatte als die Jungs, die mich verprügelten.

Und mein Sieg war – meine Gymnasialempfehlung.

Um die zu bekommen, lernte ich wie verrückt. Mein Fleiß kam völlig aus mir selbst, er musste von meinen Eltern in keinster Weise angestachelt werden. Die wenigsten Kinder vom Waldhof wechselten nach der vierten Klasse aufs Gymnasium. Aus meiner Klasse waren es, soweit ich mich erinnere, nur zwei bis drei Jungs. Auch in meiner Familie hatte bisher niemand Abitur gemacht. Meine Geschwister hatten alle einen Mittleren Schulabschluss geschafft und danach mit ihren Ausbildungen angefangen. Meine Eltern hätten mich schon deshalb niemals in Richtung Gymnasium gedrängt.

Trotzdem gefiel der Gedanke meinem Vater sofort. Bildung und die damit einhergehenden Berufschancen waren ihm enorm wichtig. »Du sollst es mal leichter haben als ich«, lautete sein Credo. Sein Sohn, der ganz offensichtlich nicht zum Handwerker taugte, könnte vielleicht eines Tages sogar studieren! »Am besten Arzt oder Anwalt«, riet er mir. Das waren in seinen Augen gute Berufe. Vor allem: gut bezahlte Berufe.

Auf meinem Grundschul-Abschlusszeugnis standen nur Einsen und Zweien. Das machte mich wahnsinnig stolz. Weil ich auch sportlich war, empfahlen die Lehrer meinen Eltern, dass ich den Aufnahmetest für die Sportförderklasse des Ludwig-Frank-Gymnasiums machen sollte. Ich bestand. Und fuhr ab jetzt jeden Morgen vom Waldhof in die Neckarstadt-Ost. Dort steht das ehrwürdige alte Schulgebäude mit den hohen Fenstern, direkt neben dem Gelände des Universitätsklinikums Mannheim.

War ich ab jetzt der Überflieger, der Klassenbeste?

Nein.

War ich der Klassenclown, der immer einen lustigen Spruch auf den Lippen hatte?

Überhaupt nicht.

War ich die Sportskanone, der alle Achtung zollten?

Im Gegenteil, im Sportunterricht fiel ich nicht sonderlich auf, denn alle Kinder in der Klasse waren sehr sportlich. Bei den Jungs war vor allem Fußball angesagt. Leider bin ich überhaupt kein Fußballer, nie gewesen. Bildeten wir zwei Mannschaften, wurde ich daher stets als Letzter aufgerufen. Leichtathletik und andere Individualsportarten lagen mir mehr. Am liebsten hätte ich Kampfsport gemacht, um endlich selbstbewusster zu werden, aber das wurde nicht angeboten. Nachträglich bin ich überzeugt, dass eine andere Haltung, ein anderes Auftreten die jahrelangen Hänseleien, die noch kommen sollten, vielleicht nicht verhindert, aber doch reduziert hätten.

Denn es ging auf dem Gymnasium ähnlich weiter wie auf der Grundschule. Es gab sogar einen Jungen, der aussah wie der Zwilling meines Grundschulpeinigers: groß und kräftig. Einer, vor dem alle Angst hatten und mit dem man sich besser nicht anlegte. Wieder wurde ich sein bevorzugtes Opfer. Sobald er mich sah, brüllte er: »Der Satan kommt!« Dazu zeigte er mit dem ausgestreckten Arm auf mich und schüttelte sich vor gespieltem Entsetzen. Am liebsten hätte ich mich in Luft aufgelöst.

Ich habe ihn als Erwachsenen einmal wiedergetroffen. Er konnte sich nur vage an seine Sprüche von damals erinnern. Immerhin gab er zu: »Ich weiß, ich war zu vielen Kindern nicht nett.« Dann ergänzte er noch, dass es ihm leidtue.

»Alla, gut«, sagte ich.

Ich bereue diese Unterhaltung nicht, die am Rande eines Live-Auftritts stattfand. Es war mir ein Bedürfnis, ihm zu erzählen, dass die ersten Jahre auf dem Gymnasium auch wegen ihm keine leichte Zeit für mich gewesen waren. Und es tat mir gut, seine Entschuldigung zu hören. Wenn ich öffentlich über Mobbing spreche, dann denken viele, der übertreibt doch. Der wurde vielleicht zweimal geärgert, das war's. Nein, so war es nicht. Es ging über viele Jahre, es war schlimm, es zerfraß mich innerlich. Ich war irgendwie in diese Opferrolle hineingerutscht und kam nun nicht mehr heraus.

Und die Erwachsenen? Die Lehrer? Sie waren meist keine große Hilfe. Einmal fuhren wir mit der Klasse zum Skifahren. Der Skilehrer wollte zur Auflockerung ein Spiel mit uns machen. Er suchte nach einem Freiwilligen – niemand meldete sich – und pickte dann mich heraus. Alle stellten sich im Kreis auf. Er und ich standen in der Mitte. Ich sollte ihm einfach alles nachsprechen: »Ich bin dumm und gehe im Kreis herum, und alles, was ich sehe, das nehme ich mit.« Ich wiederholte brav: »Ich bin dumm …« Er nahm etwas von meinen Mitschülern und gab es mir: »Hier, nimm!« Wohlerzogen wie ich war, trug ich alles. Meine Arme wurden immer voller mit Mützen, Skibrillen, Handschuhen. Doch bei jeder neuen Runde »Ich bin dumm …« lachte die Klasse lauter. Ich verstand nicht. Was war der Witz? Was machte ich verkehrt?

Irgendwann drehte sich der Skilehrer grinsend zu mir um. »Hast du das Spiel noch immer nicht kapiert?«

Ich hätte auch die Worte »hier, nimm!« wiederholen und ihm die Sachen zurückreichen sollen. Ich hätte nicht so trottelig sein dürfen, alles alleine zu schleppen. Das war die Auflösung. Ein Verarschungsspiel. Und ich war komplett darauf reingefallen. Aus der Retrospektive mag das harmlos klingen, aber für einen verunsicherten Zwölfjährigen war die Situation ein Albtraum. Und sie bedeutete eine weitere Demütigung. Minutenlang hatte ich vor meinen Mitschülern gestanden und wieder und wieder gesagt: »Ich bin dumm …« Wenn das keine Steilvorlage für meine Spötter war.

Auch wenn es seit der fünften Klasse kaum noch Schlägereien und körperliche Bedrohungen gab, blieb ich der unbeliebte Außenseiter. Es lag sicher an vielen Faktoren. Zum einen fiel mir der Übergang von der Grundschule überraschend schwer, meine Noten waren in den ersten Jahren auf dem Gymnasium nicht sonderlich gut, und ich machte mir selbst viel Druck. In Deutsch, im Aufsatzschreiben oder im Diktat, hatte ich große Mühe. Kein Wunder: Meine Mutter redete im Dialekt mit uns Kindern, mein Vater sprach in einfachen Sätzen oder fehlerhaftem Deutsch. Hilde verbesserte ihn nicht, sondern passte sich eher noch Turans Sprachduktus an.

Weil ich mich auf meine Noten konzentrieren wollte, vermied ich, die Streiche der Klasse mitzumachen. Ich hatte kein Interesse daran, die Lehrerinnen und Lehrer zu ärgern. Ich wollte lieber lernen und mithalten können. Das machte mich nicht gerade populärer. Die Nachmittage und Wochenenden verbrachte ich über meinen Büchern und Heften. Niemand zu Hause konnte mir bei meinen Hausaufgaben helfen, und der Schulstoff flog mir keineswegs zu. Ich schrieb Dreien, manchmal Vieren. Zufrieden war ich nicht, aber ich war entschlossen, mich durchzubeißen.

Den anderen Kindern entging nicht, dass ich ein Streber und eine Spaßbremse war. Ich war ernst, verschlossen, ehrgeizig – und machte keinen Hehl aus meinen eher altmodischen Ansichten. Respekt vor Älteren schien mir wichtiger als jugendlicher Aufruhr. Zigaretten und Alkohol lehnte ich kategorisch ab, auf Partys ging ich nicht – und wurde sowieso nie eingeladen. Zudem war ich komisch gekleidet, trug biedere Cordhosen und bunte Polyesterpullover statt Jeans und T-Shirt.

Von der sechsten bis zur neunten Klasse war die Situation besonders schlimm, ich wurde offen angefeindet, gemobbt. Auf dem Schulhof stand ich meist alleine. Nur manchmal stellte ich mich zu einer Gruppe dazu, schwieg dann aber schüchtern. Irgendwann war ich so unglücklich, dass ich die Schule wechseln wollte. Morgens stand ich mit Bauch-schmerzen auf, fuhr nur widerwillig in Richtung Neckarstadt. Nachmittags war ich froh, wieder zu Hause zu sein. Es war furchtbar.

Meine Eltern und Geschwister ahnten, dass es mir nicht gut ging, wussten aber nicht genau, wie sie mir hätten helfen sollen. Nach wie vor wollte ich nicht, dass sie sich einmisch-ten – etwa das klärende Gespräch mit Lehrern oder anderen Eltern suchten. Ich wollte auf keinen Fall als Muttersöhnchen dastehen, das sich zu Hause ausweint. Auch sonst blieb ich stur. Sicherlich hätte mir Hilde, die sich zwar überhaupt nicht für Mode interessierte (Hauptsache, die Kinder trugen warme, saubere Sachen!), auch mal eine Jeans gekauft. Aber ich be-stand auf meinen Cordhosen. Die anderen Kinder mochten mich nicht? Dann würde ich eben für mich bleiben. Niemals, das schwor ich mir, würde ich mich bei ihnen anbiedern.

Gar nicht erst das haben wollen, was alle haben.

Gar nicht erst so sein wollen, wie alle sind.

Daraus kann man durchaus einen trotzigen Stolz, eine schmerzliche Stärke ziehen.

Je näher die Pubertät kam, desto mehr spürte ich zudem die Ablehnung der Mädchen. In der siebten Klasse fuhren wir für eine Woche in ein Landschulheim. Wir schliefen in Mehr-bettzimmern mit Doppelstockbetten. Nebenan, im Mädchen-zimmer, wurde laut gefeiert. Die Jungs stupsten sich aufgeregt mit den Ellbogen in die Seiten, »lass mal rüber gehen«. Ich erhob mich vorsichtig. »Du nicht, Bülent! Dich wollen die Mädchen nicht dabeihaben.«

Ich wusste, es war wahr. Die Mädchen legten keinen Wert

auf meine Gesellschaft. Genauso wenig wie die Jungs. Dass ich neulich beim heimlichen Kondom-Anprobiertest in der Jungenumkleide bewiesen hatte, dass *mir* die »Gummis« schon passten (eine Sensation, die anderen Jungs staunten nicht schlecht), hatte meinen Ruf leider in keinster Weise verbessert. »Der Bülent hat bestimmt einen minikleinen …«, lästerten die Mädchen weiterhin. So laut, dass ich es hören konnte.

Ich blieb also alleine im Zimmer zurück. Irgendwann kam mein Klassenlehrer rein, zu dem ich ein gutes Verhältnis hatte.

»Bülent, warum bist du nicht nebenan auf der Party?«

»Die wollten mich nicht dabeihaben.«

Er seufzte, wechselte dann aber schnell seinen Gesichtsausdruck und lächelte mich aufmunternd an: »Ach, Bülent, irgendwann ändert sich das auch mal.«

Schon zog er die Tür wieder hinter sich zu.

Viele Jahre später, ich war als Komiker bereits ziemlich erfolgreich, hängte die Schule ein Foto von mir ins Foyer. Weil ich Mannheim bekannt gemacht hatte; weil ein Schüler vom Ludwig-Frank-Gymnasium es auf die ganz großen Bühnen Deutschlands geschafft hatte. Ich weiß nicht, ob das Bild heute noch hängt, aber meinen Klassenlehrer traf ich noch einmal wieder. »Niemals hätten wir das von dir gedacht«, gab er ganz offenherzig zu. Oft hätte sich das Kollegium gefragt, ob ich wohl meinen Weg im Leben machen würde – so still und zurückhaltend wie ich war. Ich ergriff die Gelegenheit, ihn an die Episode im Landschulheim zu erinnern: »Wissen Sie noch, als Sie ins Zimmer kamen und ich alleine war? Sie haben diesen netten Satz zu mir gesagt, dass sich alles mal

© privat

⇦ 1975: Meine Eltern bei ihrer Hochzeit, ich unterm Blumenstrauß versteckt auch schon dabei

⇨ Dieses Foto ist eines meiner persönlichen Lieblingsbabybilder. Weil es für mich die ganze Liebe und Fürsorge meiner Mutter ausdrückt. Hinten hat sie mir, wie man sieht, eine zusammengerollte Decke hingelegt, damit ich mir nicht weh tue, falls ich umkippe. Obwohl mich auch der dicke Teppich abfedern würde. Vorn, in erreichbarer Nähe, liegt mein Schnuller. Ich lache, ich bin ein fröhliches, stets umsorgtes Kind. Ich habe mich in meiner Familie immer wohlgefühlt – und sehr geborgen. All diese Gefühle und Erinnerungen stecken für mich in diesem Foto.

© privat

⇧ ⇩ Hier sieht man eine typische Szene bei Familie Ceylan aus den späten 1970er Jahren: Wir wohnten zwar in einer kleinen Wohnung, aber das hielt meinen Vater und mich nie davon ab, zusammen Quatsch zu machen. Eines unserer Rituale: Wenn er vom Wohnzimmer ins Badezimmer wollte, ging er vor der Couch auf die Knie, und ich kletterte auf seinen Rücken. Er war mein Pferdchen. So bewegten wir uns gemeinsam die wenigen Meter bis in den Flur. Im Bad hat mein Vater sich gern Zeit gelassen und ausführlich … ähm … seine Zeitung gelesen. Klein-Bülent saß währenddessen geduldig vor der Tür und wartete, dass der Papa fertig wird – denn ich wollte auch zurück ins Wohnzimmer wieder auf seinem Rücken sitzen. Gelegenheit für solche Spiele war im Alltag nicht oft. Mein Vater hat mir trotzdem immer das Gefühl gegeben, dass er gern Zeit mit mir verbringt. Wenn ich schon im Bett lag, kam er stets noch mal ins Kinderzimmer, um mir gute Nacht zu sagen. Manchmal hat er mich auch mit zur Arbeit genommen, das war ein absolutes Erlebnis für mich. Aufstehen im Dunklen, aufbrechen im Dunklen! Ich weiß noch genau, wie schön und aufregend ich das fand: Wir beide sitzen gemütlich zusammen im großen Lkw, während draußen die ganze Stadt noch schläft.

© privat

⇨ Heute wäre das Foto ein absolutes No-Go: ein Dreijähriger mit Bierflasche! In den späten 1970ern war das halt der Humor der Erwachsenen. Haha, guck mal, wie der Kleine an der Flasche nuckelt. Natürlich war die Flasche leer, aber diesen leichten Biergeschmack am Flaschenhals schmeckte ich. Bäh, bitter! Ich habe trotzdem mitgemacht, denn ich merkte, dass die Großen die Situation total lustig fanden.

© privat

⇦ Guckt mal auf meine Hände: Deutet sich da schon Anneliese an?

© privat

© privat

⇦⇩ Mein erster Schultag im Sommer 1982, ganz klassisch ohne Schneidezähne. Ich erinnere mich: Ich war freudig aufgeregt – aber ich war irgendwie auch kribbelig und quengelig an diesem Tag. Mein Bein hat die ganze Zeit gejuckt, der steife Polyesteranzug fühlte sich auf meiner Haut an wie Sandpapier. Auf dem Weg zur Schule mussten wir alle paar Meter stehen bleiben, und mein Vater half mir, mein Schienbein zu kratzen. Auch die schicken neuen Schuhe waren total unbequem. Das alles hat nicht zur Besserung meiner Laune beigetragen.

Außerdem wollte mein Vater mich ständig fotografieren und filmen. Ich sträubte mich zunehmend. Er wurde sauer: »Warum willst du denn nicht? Ich mach das doch nur für dich! Später wirst du mir dankbar sein!« Als Sechsjähriger sieht man das anders, da will man nicht dauernd künstlich in die Kamera lächeln. Mein Vater hat es geliebt, das Familienleben auf Fotos oder Super-8-Filmen festzuhalten, da war er sehr türkisch. Hätte es damals schon Handys gegeben, wäre er sicher einer dieser Väter gewesen, die das Leben ihrer Kinder komplett durchfilmen.

© privat

ändert. Aber haben Sie Ihre eigenen Worte damals wirklich *geglaubt*?«

»Nein«, sagte er unumwunden. »Ich dachte, das wird nichts mehr mit dir.«

Super Pointe, finde ich. Aber nur aus heutiger Sicht.

Doch bevor dieses Kapitel zu einem einzigen Jammertal verkommt, will ich auch das Happy End nicht verschweigen. Wann wendete sich das Blatt? Vielleicht fing es damit an, dass ein türkischer Freund in den Sommerferien mit mir ausführlich über mein Jeansdilemma sprach.

»Zieh doch einfach welche an.«

»Dann werden alle nur noch mehr über mich lästern: Guck mal, jetzt will Bülent cool sein.«

»Na und, lass sie drei Tage lästern – dann ist das Thema erledigt.«

»Meinst du?«

»Klar, dann sind andere Sachen wieder interessanter.«

Und so geschah es. Ab der zehnten Klasse änderte ich langsam meinen Stil. Ich trug nun doch Jeans, wie alle. Ich ignorierte die gehässigen Kommentare, die tatsächlich bald auch verstummten. Außerdem nannte ich mich jetzt Billy und ließ mir rockermäßig die Haare wachsen, wie meine musikalischen Vorbilder. Das dauerte eine Weile, sah als Zwischenstadium eher schlimmer als besser aus, aber beim Abitur waren sie bereits schulterlang. Seitdem habe ich »die Hoaar, die Hoaar, die Hoaar« nie wieder kurz getragen.

Mein Vater fand das übrigens so geil, dass er seine Haare Jahre später, als Rentner, ebenfalls wachsen ließ. Nur das mit den Haargummis und dem Zopf klappte bei ihm nicht, dabei musste ihm meine Mutter helfen. Hilde kämmte und bändigte Turans graue Mähne. Die langen Haare sahen super bei ihm aus, die Frisur mit Pferdeschwanz stand ihm sehr gut. Und wenn er nach meinen Shows hinter die Bühne kam, hielten ihn viele für einen Künstler.

»Ah, Herr Ceylan, jetzt wissen wir endlich, woher Ihr Sohn seine Vorliebe für lange Haare hat!«

»Nee, ich hab's ihm nachgemacht, nicht umgekehrt.«

»Ach so. Sind Sie denn auch im Showbiz?«

»Nee, Betongbranch'.«

Kurzes, nachdenkliches Schweigen beim Gegenüber.

»Äh … arbeiten Sie als … Steinmetz?«

»Mischer.«

Daraufhin war das Gespräch meist schnell beendet. Mein Vater konnte sich über solche Begegnungen kaputtlachen. Dass ich die Anekdote später auf der Bühne auch noch weitererzählte, damit hatte er überhaupt kein Problem. Im Gegenteil, er saß im Publikum und genoss das tosende Gelächter der Menge. Zwar war aus seinem Sohn kein Arzt oder Anwalt geworden – aber das hier fand er auch gut.

Sehr gut sogar.

5 Helmut Kohl und die erste Liebe

In der Oberstufe belegte ich Sport und Russisch als Leistungskurse. Viel ist vom Russischunterricht zwar nicht hängen geblieben, aber es reicht immerhin, um anderen Westdeutschen zu imponieren. Ehemalige DDR-Schülerinnen und -Schüler beeindrucke ich mit meinen spärlichen Kenntnissen eher nicht. Dabei haben wir in den 1990ern sogar Studienfahrten nach St. Petersburg und Moskau gemacht, ungewöhnlich für ein westdeutsches Gymnasium.

Ich war mittlerweile seit einigen Jahren im Leichtathletikverein, Fünfkampf. Bei der Deutschen Meisterschaft von 1991 belegten wir als Team sogar den vierten Platz. Eigentlich hatten wir uns gute Chancen auf eine Medaille ausgerechnet, aber zwei Mannschaften aus Ostdeutschland zogen souverän an uns vorbei. Wir staunten nicht schlecht über diese Jungs: was für Maschinen! Einer war doppelt so groß und breit wie ich. Ein Bär! Als ich gegen ihn im 100-Meter-Lauf und im Kugelstoßen antreten musste, war es vorbei mit dem Supertürk. Ich bin fast verreckt auf dem Sportplatz.

Auch in der Schule war ich weiterhin ehrgeizig. Ständig schielte ich auf meinen Notendurchschnitt. Ich hatte mir vorgenommen, das Abitur mit mindestens 1,8 zu bestehen. So hoch war nämlich der Numerus Clausus für Psychologie, ein Fach, das ich vielleicht studieren wollte. (Hier sei verraten: Es hat am Ende »nur« für 2,2 gereicht.) Um meine Noten zu verbessern, feilschte ich dauernd mit den Lehrern. Wie auf einem arabischen Basar. Wenn ich nach der Stunde ans Lehrerpult trat, verdrehten sie schon die Augen. »Bülent, was ist denn jetzt schon wieder?« Zwar war ich stets höflich und charmant, aber trotzdem eine echte Nervensäge.

Mittlerweile war ich 17 Jahre alt, trug die Haare mittellang, hatte meinen Style deutlich verändert – und auch sonst war nichts mehr wie in den Jahren zuvor. Denn ich hatte zum ersten Mal: eine Freundin. Und was für eine!

Sie war blond, unglaublich hübsch, ein Jahr jünger als ich und sah aus wie die junge Romy Schneider. Neben unserem Gymnasium lag direkt eine Realschule, die besuchte sie. Kennengelernt hatte ich sie ganz klassisch, in einer Mannheimer Disko. Ich hatte dafür meinen ganzen Mut zusammengenommen, war zu ihr hingegangen und hatte ihr auf die Schulter getippt: »Du bist doch die Manon?«

»Ja«, sagte sie. (Was hätte sie auch sonst auf diesen spektakulären Anmachsatz antworten sollen?)

»Ich bin Billy.«

So fing es an zwischen uns. Meine erste Liebe. Ich war unfassbar aufgeregt. Was würde passieren? Würden wir auf ewig zusammen bleiben? Unter den anderen Oberstufenschülern war unser Zusammenkommen geradezu eine Sensation.

Wie bitte, Bülent hat jetzt eine Freundin? Niemand glaubte, dass die Sache zwischen Manon und mir lange halten würde. Zwar war es ab der zehnten Klasse mit meinen Beliebtheitswerten langsam bergauf gegangen, aber dass sich ein Mädchen ernsthaft für mich interessierte, versetzte die anderen immer noch in Erstaunen.

Doch Manon und ich blieben während der gesamten Oberstufe ein Paar. Mittlerweile war ich volljährig. In den Sommerferien arbeitete ich vier Wochen in einer Fabrik, packte acht Stunden am Tag Kartons ein und aus. Eine anstrengende, stupide Tätigkeit. Aber ich hatte ein Ziel vor Augen: Die hart erarbeiteten 1500 D-Mark brauchte ich für unseren ersten gemeinsamen Urlaub. Manon und ich wollten nach Tunesien fliegen, in eine Hotelanlage am Meer. Der Gipfel der Romantik – dachte ich.

Bislang hatten meine Urlaube auf Campingplätzen stattgefunden. Fast jeden Sommer fuhr ich mit meinen Eltern und meiner Schwester mit dem Auto ins ehemalige Jugoslawien. Vollgepackt, mit Zelten, Schlafsäcken und Proviant. Als Kind kam mir die tagelange Fahrt wie eine Weltreise vor. Wir transportierten damals auch die Gasflaschen, die wir zum Kochen brauchten. Einmal, als sich im Kofferraum kein Platz mehr fand, stopfte mein Vater die Kartuschen kurzerhand hinter seinen Sitz – direkt in meinen Fußraum. Eine ziemlich explosive Idee aus heutiger Sicht. Aber Turan legte einfach eine Decke über die Gasflaschen, da sollte ich meine Füße draufstellen, fertig. Zum Glück hatten wir nie einen Unfall. Mein Vater fuhr recht vorsichtig, und wir machten auch Pausen. Natürlich übernachteten wir entlang der Route *nicht* in Hotels, sondern schliefen kreuz und quer liegend im Auto. Das muss man sich mal vorstellen! Das Auto selbst war ja schon bis unter das Dach vollgestopft.

Auf dem Campingplatz fühlten meine Eltern sich wohl. Man konnte grillen, gemütlich auf den Klappstühlen in der Sonne sitzen oder auf einen Tratsch an den Nachbarzelten vorbeischauen. Urlaube in anderen Ländern (außer in der Türkei) interessierten Turan nicht; nie machten wir zum Beispiel Städtereisen oder sahen uns irgendwelche Sehenswürdigkeiten an. »Was soll ich da?«, fragte mein Vater, wenn man ihm alternative Urlaubsziele vorschlug.

Meine Mutter nahm das hin, obwohl sie gern mal in ihre alte Heimat, nach Ungarn, gefahren wäre. Mit Mitte 20 erfüllte ich ihr diesen Wunsch und lud sie auf eine zehntägige Reise nach Budapest ein. Nur wir zwei, auf den Spuren der Familie. Wir schlenderten durch die wunderschöne Altstadt, gingen – soweit es unsere Finanzen zuließen – auch mal essen und genossen die Zeit sehr. Mein Vater hatte kein Problem damit, dass wir zu zweit losfuhren, er wollte von Anfang an nicht mitkommen. »Ich versteh' die da nicht«, sagte er. Für meinen Vater bedeuteten fremde Länder Stress, er wusste, er würde sich nicht verständigen können. Ich dagegen wurschtelte mich mit meinem Schulenglisch irgendwie durch.

Doch zurück zu meinem sorgfältig geplanten Liebesurlaub mit Manon in Tunesien. Als uns der Shuttlebus vom Flughafen zum Hotel brachte, wunderten wir uns. Hatten wir nicht eine ganz andere Unterkunft im Katalog des Reisebüros gebucht? Das Zimmer war ein richtiges Loch: dreckig und voller Ungeziefer. Die dachten wahrscheinlich, mit einem naiven jungen Paar aus Deutschland kann man das machen. Ich ging mich sofort an der Rezeption beschweren, durch meine ständigen Notenverhandlungsgespräche aus der Schulzeit war ich eigentlich ziemlich gut im Diskutieren. Doch den langhaarigen Achtzehnjährigen, der sich da so aufspielte, nahm niemand ernst. Verzweifelt versuchte ich, respekteinflößend und durchsetzungsstark zu wirken. Derweil bemerkte ich die verstohlenen Blicke der männlichen Hotelangestellten. Sie galten nicht mir, dem wütenden Rumpelstilzchen, sondern Manon. Damit konnte ich überhaupt nicht umgehen. Ich spürte unbändige Eifersucht in mir aufsteigen. Zwar konnten wir das Problem mit den Zimmern schlussendlich klären – in einem letzten Verzweiflungsakt liefen wir zur örtlichen Polizeiwache und beklagten uns dort, das half –, doch die Stimmung war für den Rest des Urlaubs verdorben. Meine Eifersucht war entbrannt. Laufend nervte ich meine Freundin mit meinen Unterstellungen. Meine Unsicherheit machte mich zu einem schwer erträglichen Zeitgenossen. Jeder andere Mann, der zu uns rüberschaute, vermieste mir die Laune.

Heute bin ich beim Thema Eifersucht viel gelassener. Ich vertraue meiner Frau absolut. Wenn andere Menschen mir sagen, wie toll, wie hübsch oder wie wundervoll Radine ist, kann ich das sehr gut stehen lassen. Ich freue mich einfach nur und nicke: »Ich weiß.«

Das heißt nicht, dass ich niemals eifersüchtig sein könnte. Eine Prise dieses Gefühls finde ich auch in langjährigen Beziehungen wichtig, um sich gegenseitig zu zeigen: Du bist mir nicht egal. Ich will dich niemals verlieren. Wenn ich mit meiner Frau unterwegs bin und sie von einem Fremden heftig angeflirtet wird, kann ich daher auch mal ein bisschen grimmig gucken. Nach dem Motto: »Sie ist mit mir hier, merkst du's nicht?« Da kommt mein türkisches Temperament zum Vorschein. Grundsätzlich sollte eine Beziehung aber von Vertrauen getragen sein, finde ich. Misstrauen ist Gift.

Mit 18 Jahren war ich von solchen Lebensweisheiten weit entfernt. Kein Wunder: Seit der Grundschule kannte ich nur die Rolle des Außenseiters – nun stolperte ich in einen völlig neuen Lebensabschnitt. Denn nicht nur Manon zog die Aufmerksamkeit auf sich. Auch ich selbst, das wurde mir in dieser Zeit langsam klar, hatte offenbar eine Wirkung auf andere. War ich etwa – ein *Luschtobjekt*? Ungeheuerlicher Gedanke. Während eines Schüleraustauschs mit Russland dämmerte er mir zum ersten Mal. Zwar war ich offiziell in einer festen Beziehung, doch das hielt eines der Mädchen aus unserer Reisegruppe nicht davon ab, mich immer wieder durchdringend anzustarren. Ich bemerkte, dass sie brutal verknallt in mich war. Ihr Verhalten fand ich ein bisschen beängstigend. Vor allem weil sie mich buchstäblich auszog mit ihren Blicken.

Alles in allem verwirrte mich die neue Situation. Es fühlte sich einerseits gut an, bei den Mädchen beliebt zu sein. Von Einzelnen sogar begehrt zu werden. Aber es brachte mich andererseits immer wieder in innere Konflikte. Manchmal war ich verknallt – aber die Auserkorene erwiderte meine Gefühle nicht. Dann wieder war es umgekehrt. Generell schienen sich vor allem ›komplizierte‹ Frauen für mich zu interessieren. Mädchen, die mit psychischen Belastungen oder schwierigen Familienverhältnissen zu kämpfen hatten. Weil ich so ein Seelsorgertyp war? Ein guter Zuhörer? Ein Kümmerer? One-

Night-Stands standen jedenfalls nicht auf meinem Programm. Meine Bühnenfigur Hasan würde es so ausdrücken: »Ich bin kein Mann für eine Nacht, so viel Zeit hab' ich nicht.« Der junge Bülent war überhaupt nicht wie Hasan – eher wie Harald: ein bisschen unbeholfen und sehnsüchtig auf der Suche nach der *Einen*, der Richtigen.

Während des besagten Russlandaustauschs überwand ich übrigens auch mein Landschulheimtrauma aus der Mittelstufe. Diesmal wollten die Mädchen mich nämlich gern in ihrem Zimmer haben. Ich hing eigentlich ununterbrochen bei ihnen rum. Abends machte unsere Deutschlehrerin immer ihre Kontrollrunde. Weil wir tagsüber ein straffes Programm hatten, achtete sie auf pünktliche Bettruhe – und natürlich auf getrennte Schlafräume. Als sie an der Zimmertür der Mädchen klopfte, sahen wir uns daher halb panisch, halb amüsiert an. »Mist, was machen wir jetzt?«

Mich unter einem Bett zu verstecken, hielt ich für keine gute Idee. Stattdessen nahm ich eine der Zahnbürsten vom Waschbecken und steckte sie mir in den Mund. Die Mädels guckten verwundert. Die Lehrerin ebenso.

»Bülent, was machst du denn hier?«

»Zähne putzen, wieso?«

»Warum bist du nicht in deinem Zimmer?«

»Bei uns ist der Abfluss verstopft, deshalb komme ich morgens und abends zu den Mädchen.«

»Seit Tagen putzt du hier deine Zähne? Zweimal täglich?«

»Ja, das ist so besprochen.« Ich klang so unschuldig wie überzeugend. Die Mädchen nickten zustimmend und unterdrückten ein Kichern.

In dem Moment betrat ein weiteres Mädchen das Zimmer. Sofort wendete sich die Lehrerin an sie: »Stimmt es, dass Bülent jeden Tag zu euch zum Zähneputzen kommt?«

Ihre geistesgegenwärtige Antwort: »Klar, macht er.«

Kopfschüttelnd verließ unsere Lehrerin das Zimmer.

Am nächsten Morgen beim Frühstück nahm mich mein Russischlehrer zur Seite, ein großartiger Lehrer, ich mochte ihn sehr. »Sag mal, Bülent, die Geschichte von gestern, die war schon fast bühnenreif, oder?« Ich antwortete mit gespielter Verwunderung: »Wieso, was meinen Sie denn?« Er schaute mich belustigt an. Dann räusperte er sich vielsagend, »ah-eh«, das klang bei ihm immer wie bei Louis de Funès. Wir grinsten beide. »Aber heute Abend bleibst du mal in deinem Zimmer.«

Schon fast bühnenreif?

Wie kam ich auf die Idee, mich beim nächsten Schulfest auf die kleine Bühne auf dem Schulhof vors Mikrofon zu stellen? Ich weiß es nicht mehr. Ich trat als Sänger mit meiner neugegründeten Band auf, wir spielten ein paar Coversongs und zwei, drei eigene Kompositionen. Zuvor hatte ich dieses Neuland bereits mit einer Solo-Comedy-Nummer betreten, bei der ich Boris Becker imitiert hatte. Der Applaus war laut – und ermutigend gewesen.

In der dreizehnten Klasse war meine Schulpopularität auf dem Höhepunkt angelangt. Einer unserer Kursräume im Oberstufenpavillon lag direkt vor der Treppe, die in den ersten Stock führte. Ein Teil der Wände des Klassenraums war aus Glas. Jeder, der die Treppe benutzte, guckte unweigerlich in diesen Raum hinein. Und fast jeder, der vorbeilief, winkte mir freundlich zu. »Hi Billy!« Ich winkte stets freundlich zurück. »Hi!«

»Jetzt reicht's mir aber«, rief mein Russischlehrer eines Tages. »Stell dich doch am besten vor die Tür und gib jedem Einzelnen die Hand.«

»Gern. Soll ich rausgehen?«, antwortete ich. Schon hatte ich wieder die Lacher auf meiner Seite. Ich liebte solche Momente. Längst stand fest, dass ich bei der Abiturfeier auftreten würde. Diesmal mit einer Helmut-Kohl-Imitation. Die passende Kanzlerrede hatte ich mir schon zurechtgelegt.

Aber dann geschah etwas, das mich komplett aus der Bahn warf.

Nur Tage nach der mündlichen Abiturprüfung trennte sich Manon von mir. Nach zwei Jahren Beziehung. Meine Welt ging unter. Ich fühlte förmlich, wie mein Herz zerbarst. Mittlerweile war ich überzeugt gewesen, dass wir für immer zusammenbleiben würden – auch wenn mich fortwährend Ängste geplagt hatten, dass die Beziehung zerbrechen könnte.

Jetzt waren meine schlimmsten Befürchtungen wahr geworden.

»Mama, ich geh in den Wald. Vielleicht komme ich nicht mehr zurück.«

»Babbel kein Scheiß, was soll denn das?«, rief Hilde hinter mir her.

Doch da war ich schon aus der Wohnungstür gestürmt und lief in Richtung Käfertaler Wald. Sicher ein schöner Platz, um an einem gebrochenen Herzen zu sterben, dachte ich. Ich plante nichts Konkretes, wollte mich einfach irgendwo auf den Waldboden legen und heulen. Vielleicht für einige Stunden, vielleicht für eine ganze Nacht, vielleicht noch länger. Meine Stimmung war ziemlich melodramatisch.

Doch im Unterholz angekommen, haderte ich plötzlich mit meiner selbstgewählten Leidenskulisse. Zum einen erschreckte mich die Dunkelheit. Es war ziemlich unheimlich zwischen den knackenden und rauschenden Bäumen. Hinlegen auf den harten Untergrund auf Moos und abgebrochene Äste wollte ich mich auch nicht mehr. Zum anderen fing es ausgerechnet jetzt an zu regnen. Alles in allem ziemlich ungemütlich hier im Wald, Liebeskummer hin oder her.

Ich beschloss, den Heimweg anzutreten. Von weitem sah ich die Silhouette zweier Menschen. Meine Eltern, mit Regenschirmen! Sie waren mich suchen gekommen. Der Anblick rührte mich sehr, offenbar hatten sie sich Sorgen um mich gemacht. Als mein Vater von der Arbeit nach Hause gekommen war, hatte meine Mutter ihm sofort von der Trennung und meiner Gemütsfassung berichtet. Sofort liefen sie los.

Ich bin sicher, mein Vater wäre am gleichen Tag noch zur Polizei gegangen, wenn sie mich nicht gefunden hätten. Doch jetzt war die Erleichterung bei uns allen groß. Zurück zu Hause verkündete Turan: »Darauf trinken wir erst mal einen Schnaps!« Niemals zuvor hatte er mir Alkohol angeboten. Sich selbst schenkte er auf den Schreck gleich einen Doppelten ein. Meine Mutter wollte dazwischengehen: »Aber für Bülent nicht so viel!« Doch mein Vater wehrte ab: »Du hältst dich raus, das ist eine Männerangelegenheit.« Meine Mutter protestierte nicht weiter, denn ehrlich gesagt war es ihr an diesem Abend völlig egal, wie viel wir tranken. Hauptsache, ihr Jüngster lächelte wieder.

Beim Schnaps hielt mein Vater mir einen kleinen, trösten-den Vortrag. Dass ich doch ein kluger und hübscher Junge sei und dass es ganz sicher noch andere Beziehungen in meinem Leben geben würde. »Deine Mutter war auch nicht meine erste Frau. Aber sie ist die Beste.« Seine Worte taten unge-mein gut. (Ich habe mir schon vorgenommen, meinen Kin-dern eine ähnliche Predigt zu halten, wenn sie irgendwann mit ihrem ersten Liebeskummer fertigwerden müssen. Nur Schnaps kriegen sie keinen von mir.)

Eine Woche später sollte die Abiturfeier stattfinden. Ich überlegte ernsthaft, meinen Auftritt abzusagen. Ich hatte we-nig Lust, mich vor Hunderte Zuschauer – Schüler, Lehrer, Eltern – hinzustellen und sie zum Lachen bringen. Überhaupt war mir nicht nach Scherzen zumute.

Doch am Ende zog ich es doch durch. Zum Glück! Denn der Abend wurde zu einem riesigen Erfolg. Helmut Kohls behäbiger Kurpfälzer Duktus, den ich perfekt nachmachen konnte, brachte den Saal zum Toben. Viele kamen hinterher zu mir, hauten mir lachend auf den Rücken: »Wir hätten nie gedacht, dass du so witzig bist!« Den Rest der Nacht feierten wir unbeschwert unseren Schulabschluss. Ich hatte reichlich Adrenalin im Blut und fühlte mich wie auf einer Wolke.

Und dann sah ich in der Menge plötzlich Johanna. Und ich sah, wie Johanna mich ansah. Tja, so schnell kann es manchmal gehen.

Johanna war das Mädchen in unserer Stufe, das alle Jungs heimlich anhimmelten. Bildschön, hochintelligent und aus vornehmem Elternhaus. Johanna war anders als wir – sie spielte Geige, war stets schick gekleidet, sprach gestochenes

Hochdeutsch. Jahrelang waren alle Jungs bei ihr abgeblitzt. Aber in dieser Nacht, nach meinem Auftritt, der ihr gefallen und imponiert hatte – da küssten wir uns.

Oha, dachte ich. Comedy wirkt offenbar nicht nur aufs Zwerchfell.

6 Der Obstkorb

Ich habe mir darüber Gedanken gemacht, ob ich auch von der Zeit erzählen soll, in der es meiner Familie nicht gut ging, in der wir in finanzielle Schwierigkeiten gerieten. Eigentlich ist das nichts, was man freiwillig in die Öffentlichkeit trägt. Aber diese Erlebnisse als Jugendlicher gehören nun mal zu meinem Leben. Ich habe schon sehr früh erfahren, was berufliches Scheitern ist – und wie sich Existenzangst anfühlt.

In meiner Kindheit ging es meinen Eltern wirtschaftlich recht gut. Mein Vater hatte aufgehört, Getränke auszufahren, und war in die Baubranche eingestiegen. Er manövrierte seinen riesigen Betonmischer von Baustelle zu Baustelle. Es gab genug Arbeit, und der Lohn kam pünktlich. Und nun hatte sein Sohn sogar den Sprung aufs Gymnasium geschafft! Aber Turan wusste: Höhere Bildung ist teuer, er würde für mich in den kommenden Jahren Geld ausgeben müssen. Klassenfahrten wollten bezahlt, Austauschprogramme ermöglicht werden. Vielleicht stand irgendwann sogar ein mehrjähriges

Studium an. Würde er das mit seinem Bauarbeitergehalt stemmen können?

Möglicherweise haben diese Überlegungen den Ausschlag für seinen nächsten beruflichen Schritt gegeben, der dann direkt in die Katastrophe führte. Jedenfalls beschloss mein Vater, mittlerweile über 50 Jahre alt, sich als Lkw-Fahrer und Betonmischer selbständig zu machen. Um ein Subunternehmen im Baugewerbe anmelden zu können, musste er zunächst Kurse belegen und ein Zertifikat machen. Er tat das nach Feierabend an einer Abendschule. Die schriftlichen Theorieprüfungen fielen ihm schwer, er brauchte mehrere Anläufe, bevor er bestand. Die Praxisprüfung war für Turan dagegen kein Problem.

Sein Plan ging zunächst auf, er hatte als Subunternehmer ausreichend Anfragen, bald sogar einen Angestellten und verdiente ganz ordentlich. Doch dann wurde mein Vater krank. Das Herz. Die Beine. Er musste in den kommenden Jahren mehrere Bypass-Operationen über sich ergehen lassen. Außerdem quälte ihn die Gicht, seine Füße schwollen oft an. Die Tabletten wiederum schädigten auf Dauer auch seine Nieren. In den letzten Jahren seines Lebens war er daher auf Dialyse angewiesen. Als sein Herz mit Mitte 50 zu schwächeln begann, konnte er fast zwei Jahre lang nicht oder nur sehr eingeschränkt arbeiten. Während er im Krankenhaus war, verlor er seine Auftraggeber, musste seinen Mitarbeiter entlassen. Irgendwann stand seine kleine Firma vor dem Bankrott.

Es waren Jahre, in denen der Kühlschrank oft leer war. Und, noch schlimmer: Meine Mutter konnte kein Obst mehr kaufen. Zeit ihres Lebens war der Obstteller für Hilde ein wichtiges Statussymbol gewesen. Als kleines Flüchtlingsmädchen hatte sie oft vor der gut gefüllten Obstschale der Bauernfamilie gestanden, die für sie tabu war. »So einen Teller will ich auch haben, wenn ich mal groß bin.« Das habe sie sich damals geschworen, erzählte meine Mutter häufig, nicht selten mit Tränen in den Augen. Jedes ihrer Kinder kannte die Geschichte. »Der Obstteller muss voll sein!«, hieß es bei uns zu Hause immer. Das war Hildes Form von Luxus; daran wollte sie unbedingt festhalten.

Doch als mein Vater als Selbständiger in die Pleite schlitterte, die Einkünfte wegbrachen und die offenen Rechnungen sich stapelten, hatten meine Eltern kein Geld übrig für Bananen, Mandarinen oder Äpfel. Jeder Pfennig musste ab jetzt umgedreht werden. Wir litten entsetzlich. Denn der rapide Absturz zeigte sich in allen Lebensbereichen. Vorher war es uns gut gegangen. Wir waren nicht reich, aber wir gingen auf Reisen, besaßen ein Auto, konnten sonntags Ausflüge machen. Es reichte immer für ein Eis, einen Pudding oder eine Karussellfahrt. Das alles hatte das Einkommen meines Vaters uns ermöglicht. Doch plötzlich war dieser starke Mann hilflos – und beruflich am Ende. Er wusste nicht mehr ein noch aus. Auch meine Mutter war verzweifelt.

Hilde hatte zwar eine Ausbildung, sie war gelernte Näherin, aber schon lange nicht mehr berufstätig gewesen. Seit der Geburt ihrer Kinder hatte sie sich auf den Haushalt und die Erziehung konzentriert. Einen Wiedereinstieg nach so vielen Jahren traute sie sich nicht zu. Stattdessen überlegte sie, als Reinigungskraft etwas dazuzuverdienen. Das lehnte mein Vater vehement ab. »Des machscht' du net!« Es ging nicht darum, dass er ein Problem mit weiblicher Berufstätigkeit hatte. Nein, der Grund war ein anderer: Mit der Putzstelle meiner Mutter wäre offensichtlich gewesen, dass er seinen eigenen Ansprüchen nicht mehr gerecht wurde – dass er *als Mann* es nicht schaffte, die Familie zu ernähren. Für Turan eine Bankrotterklärung. Hatte er nicht immer den Leitsatz vor sich hergetragen, dass seine Frau nicht arbeiten gehen müsse? Und jetzt sollte Hilde für fremde Leute Böden wischen und Toiletten schrubben? Kam nicht infrage.

Stattdessen versuchten meine Eltern, mit der Bank zu verhandeln: Sie bettelten um Zahlungsaufschub, erweiterten den Dispo, schichteten Kredite um – und lösten schließlich schweren Herzens ihre Lebensversicherung auf. Eigentlich sollte das ihre Altersvorsorge sein. Weil mein Vater sich dermaßen für sein Versagen schämte, schickte er meine Mutter zu diesen Terminen. Außerdem fiel es ihm sprachlich nicht leicht, mit den Bankangestellten komplizierte Finanzgespräche zu führen. Meine Mutter war in solchen Dingen ebenfalls völlig unerfahren, aber sie nahm es, still leidend, auf sich.

Die Geldsorgen belasteten die Beziehung meiner Eltern schwer. Schon in guten Zeiten konnte Turan nur ungelenk seine Gefühle zeigen oder sie aussprechen; jetzt kapselte er sich völlig von uns ab. Eine Zeitlang kam er jeden Abend spät nach Hause. Nicht, weil er meine Mutter betrog oder weil er sein letztes Geld verspielte, nein, er saß einfach alleine oder mit ein paar Kumpels zusammen in der Kneipe. Er suchte nach Ablenkung, brauchte Zeit für sich. Zwar hatten die Ärzte ihm dringend geraten, mit dem Rauchen aufzuhören – er war seit Jahrzehnten Kettenraucher –, aber das schaffte er nicht. Wie auch? Rauchen war so ziemlich das Einzige, was ihm geblieben war. Und was ein bisschen Entspannung versprach. Meine Mutter, die ihm deswegen oft Vorwürfe machte, wartete an diesen Abenden stundenlang auf ihn, rannte bei jedem Geräusch zum Fenster. Oft saß ich neben ihr, nicht wissend, wie ich ihren Kummer mildern könnte. Ich war das Einzige der vier Kinder, das noch zu Hause lebte, meine Geschwister waren bereits ausgezogen.

Damals schwor ich mir etwas – ähnlich wie meine Mutter sich in den späten 1940ern etwas geschworen hatte: Eines Tages werde ich es schaffen, so viel zu verdienen, dass es meinen Eltern finanziell an nichts mehr fehlt. Ich versuchte auch, meine Mutter zu trösten: »Mama, irgendwann wird alles gut, das verspreche ich dir.«

Meist empfand ich tiefes Mitleid mit meinen Eltern, die unverschuldet in diese Situation geraten waren. Manchmal aber packte mich auch die Wut. Vor allem meinem Vater machte ich innerlich Vorwürfe. Wo war er abends? Warum nahm er in Kauf, dass meine Mutter sich ständig Sorgen um ihn machte? Er meldete sich nicht von unterwegs, er sagte auch nicht, wann er heimkommen würde. Wenn er die Wohnung betrat, roch ich nicht nur die Zigaretten, sondern auch das Bier in seinem Atem. Mein Vater hatte nie ein ernsthaftes Alkoholproblem, selbst in diesen Jahren nicht, aber er trank deutlich mehr als zuvor. Jahre später habe ich ihn damit konfrontiert. »Ich habe dich immer geliebt, das weißt du, aber als du in dieser Zeit manchmal betrunken nach Hause kamst, konnte ich dich nicht ausstehen.« Heute als erwachsener Mann weiß ich natürlich, dass Turan sich selbst in dieser Phase nicht leiden konnte.

Meine Eltern stritten viel. Unfreiwillig hörte ich im Nebenzimmer mit. Einmal, auf dem Tiefpunkt der Krise, rutschte meinem Vater während einer lautstarken Auseinandersetzung der Satz raus: »Dann lass ich mich halt scheiden!« Meine Mutter begann zu weinen. Dabei wussten wir eigentlich alle: Niemals, wirklich *niemals* hätte Turan sich von Hilde getrennt. Oder doch? Der Gedanke, dass meine Familie auseinanderbrechen könnte, war für mich schlimmer als jede Firmenpleite. Ich wusste mir nicht mehr anders als mit einem Gebet zu helfen: »Bitte, lieber Gott, meine Eltern sollen sich nicht trennen.«

Wenn ich heute an diese Jahre zurückdenke, wundere ich mich, wie es mir trotzdem gelang, mich weiter auf die Schule zu konzentrieren. Noch immer hatte ich mein Ziel, Abitur und Studium, fest vor Augen. Dabei hätte die familiäre Situation ohne weiteres meinen Bildungsweg beeinträchtigen können. Nicht wenige Kinder kämpfen mit Leistungseinbrüchen in der Schule, wenn die Beziehung der Eltern wankt oder Existenzängste den Alltag dominieren. Vielleicht war es mein Glück, dass ich schon ein Teenager war und dass ich bereits begonnen hatte, mich von meinen Eltern abzugrenzen und zu lösen. Sicherlich half mir auch mein Ehrgeiz, der seit Grundschulzeiten in mir loderte. Ich war es gewohnt, mich um meine Hausaufgaben und mein Lernpensum alleine zu kümmern.

Mein Vater hatte unterdessen weiter Pech. Nicht nur, weil er chronisch krank war, nicht nur, weil die Baubranche zu schwächeln begann und die Auftragslage generell schlechter wurde. Erschwerend kam hinzu, dass er kein guter Geschäftsmann war. Auch die Steuerberaterin, die er angeheuert hatte, entpuppte sich als Totalausfall; ich hatte immer den Eindruck, sie hatte schon drei Schnaps intus, wenn sie zu uns kam. Bald türmten sich die Forderungen des Finanzamts im Briefkasten. Nachzahlungen, Vorauszahlungen, es nahm kein Ende. Mein Vater brachte es trotzdem nicht übers Herz, der Steuerberaterin zu kündigen. Auch sonst war Turan oft zu gutmütig. Er gab großzügig Trinkgeld, schaute nicht auf Kleinbeträge. Sehr sympathisch, aber für einen Unternehmer nicht die beste Voraussetzung. Meine Mutter dagegen, aufgewachsen im ultrasparsamen Haushalt von Opa Heinrich, versuchte, den Überblick zu behalten. Selbst in dieser furchtbaren Zeit schrieb sie kleinlich auf, wofür sie Geld ausgab. Meinen Vater interessierte dieses Haushaltsbuch meist gar nicht.

Dafür war er der Wagemutigere von beiden. In der Zeit, als es meinen Eltern finanziell noch besser gegangen war, träumte Turan von einer Eigentumswohnung. Wäre das nicht eine gute Vorsorge fürs Alter? Dann würden Hilde und er später keine Miete mehr zahlen müssen. Doch meiner Mutter widerstrebte eine solche Investition. Die hohen Schulden! Davor hatte sie viel zu viel Angst. Außerdem war sie zufrieden mit ihrer Mietwohnung. Auch ich legte als Kind mein Veto ein, ich wollte auf keinen Fall aus unserem Mietshaus aus- und vom Waldhof wegziehen. Mein Vater regte sich auf, war gekränkt, fühlte sich unverstanden – aber akzeptierte letztlich die Haltung seiner Frau. War es die richtige Entscheidung? Als die Pleite kam, musste die Miete jedenfalls irgendwie weitergezahlt werden.

Eines Tages rief mich mein Vater zu sich. »Bülent, ich muss mir dir reden.« Ich merkte, dass es ihm nicht leichtfiel. Es gab da dieses Sparbuch, auf das meine Eltern seit meiner Geburt Geld eingezahlt hatten. 50 Mark im Monat, per Dauerauftrag. Es hatten sich bereits einige Tausend Mark auf dem Konto angesammelt. »Das kriegst du, wenn du 18 bist«, hatte mein Vater mir immer versprochen. Jetzt sah er seinen sechzehnjährigen Sohn mit ernstem, traurigem Blick an: »Bülent, ich muss an dein Konto ran, wir schaffen es sonst nicht.«

Ich nickte stumm, was hätte ich dazu auch sagen sollen, spürte aber dennoch Widerwillen in mir aufkeimen. Das war doch *mein* Geld. Für meine Zukunftspläne! Schon jetzt war klar, dass mich meine Eltern nach dem Abitur nicht weiter unterstützen würden. Es gab auch nichts, was meine Geschwister oder ich eines Tages erben könnten. Dieses Sparbuch war alles, was ich an finanziellem Polster für den Start ins Erwachsenenalter hatte; es war für mein Studium gedacht gewesen oder für meine erste eigene Wohnung …

Mein Vater bemerkte die Enttäuschung in meinem Gesicht. Und dann sagte er einen Satz, der mich bis heute rührt: »Sohn, ich werde dir dieses Geld bis auf den letzten Pfennig zurückgeben. Und dir sogar noch etwas Zinsen obendrauf zahlen. Aber jetzt muss ich es nehmen.«

Einige Jahre später löste er sein Versprechen ein. Er überwies mir den gesamten Betrag zurück. Ich hatte Turan nie darum gebeten, das Thema war als Erwachsener längst für mich erledigt, aber ihm war es wichtig, diese alte ›Schuld‹

noch zu begleichen. Er hatte sein Wort gegeben – und das brach er nicht.

Richtig erholt hat sich mein Vater in den kommenden Jahren nicht mehr, weder gesundheitlich noch finanziell. Zwar kamen gelegentlich wieder Aufträge rein, und Turan wurde mal hier, mal da angeheuert. Insgesamt aber blieb es schwierig. Immer wieder kämpfte mein Vater mit längeren Krankheitsphasen, und die Rücklagen meiner Eltern waren komplett aufgebraucht. Eine Zeitlang mussten die beiden sogar ergänzende Sozialhilfe beantragen. Das führte dazu, dass meine Geschwister und ich Post vom Amt bekamen und unsere Einkommen offen legen sollten. Ich war ein mittelloser Student. Auch meine Geschwister waren keine Großverdiener. Dennoch verpflichtete der Staat sie, an Mutter und Stiefvater monatliche Zahlungen zu leisten. Es war eine sehr unangenehme Erfahrung für uns alle in der Familie.

Als mein Vater das Rentenalter erreichte hatte, fehlten ihm durch die Selbständigkeit etliche Beitragsjahre. Entsprechend knapp blieb das Geld. Ich war in meinen Zwanzigern und hangelte mich von Kleinkunstbühne zu Kleinkunstbühne. Meinen Eltern konnte ich beim besten Willen nicht unter die Arme greifen – ich lebte selbst von der Hand in den Mund. Erst als es mit der Comedy langsam aufwärts ging und die Gagen höher wurden, konnte ich meinen Schwur endlich einlösen. Ich begann, die magere Rente meines Vaters regelmäßig aufzustocken. Und ich sagte auch meinen Geschwistern, dass ich ab nun alles übernehmen wollte. Für Turan war das – neben aller Dankbarkeit, die er empfand – eine massive psychische Belastung: Es fiel ihm schwer, vom Geld seines Sohnes abhängig zu sein. Ich versuchte, die Situation für ihn angenehmer zu machen, indem ich betonte: »Vadda, du warst doch auch immer für mich da. Jetzt lass' mich doch für euch da sein.«

Als ich den Durchbruch geschafft hatte, ich war mittlerweile weit über 30, kaufte ich mir in einem Vorort von Heidelberg mein erstes Haus. Mein Vater weinte vor Glück, als er das erfuhr. »Jetzt wohnst du neben Doktoren und Professoren!« Er selbst stand zwar mit leeren Händen da, aber seinem Sohn war der gesellschaftliche Aufstieg gelungen. Wenn Turan mal wieder mit der eigenen Situation haderte, erinnerte ich ihn an *seine* Lebensleistungen, an seine tolle Frau, seine Kinder. »Außerdem hattest du einfach nicht die gleichen Startchancen wie ich.« Solche Sätze taten ihm gut.

Ich war außerdem sehr darauf bedacht, ihn in der Öffentlichkeit nie zu brüskieren, etwa, indem ich gemeinsame Rechnungen im Restaurant vor aller Augen bezahlte. Er war doch so gern großzügig, er wollte in großer Runde immer der Einladende sein. Deshalb steckte ich ihm heimlich Scheine zu oder überwies ihm kommentarlos Geld. Es sollte aussehen, als wäre es seins – nicht meins. Diese Fassade zu wahren, war für uns beide wichtig, nur so ertrug Turan das, was er als die große Niederlage seines Lebens ansah.

»Ich habe bei Null angefangen«, klagte er oft, »und bin bei Minus rausgekommen.«

Ich widersprach vehement: »Du hast doch auch etwas erreicht!«

Er schüttelte den Kopf. »Nein. Aber wenigstens hast du es geschafft.«

Meinen zunehmenden Bühnenerfolg verfolgte er mit Stolz. Und auch den großen Durchbruch ab 2009 erlebte er noch mit.

Trotzdem hallt die bittere Bilanz, die er für sein eigenes Leben zog, bis heute in meinen Ohren nach. Hoffentlich komme ich nie in die Lage, solche Sätze zu meinen Kindern zu sagen. Als meine Einnahmen wuchsen, versuchte ich deshalb, aus den unternehmerischen Fehlern meines Vaters zu lernen. Ich scharte ein kluges, verlässliches Team um mich. Nie verlor ich den Überblick über meine Steuerabgaben, nie lebte ich über meine Verhältnisse, nie steckte ich mein Geld in riskante Finanzgeschäfte. Manche würden mich wahrscheinlich als »sparsam« bezeichnen, aber ich kann nicht anders: Ich mache ungern Schulden und lege immer ausreichend für schlechte Zeiten zurück. 2020, als Corona die Kultur- und Veranstaltungsbranche von einem Tag auf den anderen zum Erliegen brachte, zahlte sich das aus. Ich musste niemanden entlassen, konnte meinen Leuten weiterhin Sicherheit geben. Bei den Freiberuflern in meinem Umfeld, bei denen weder Kurzarbeit noch Staatshilfen griffen, half ich teilweise mit privaten Krediten aus.

Mein Vater war schon sehr krank, als ich meine Eltern um 2012 schließlich überredete, vom Waldhof wegzuziehen. Turan konnte wegen seiner Gicht immer schlechter laufen, war oft auf den Rollstuhl angewiesen. Ich wollte ihnen eine altersgerechte Wohnung kaufen, in der sie auch bleiben konnten, wenn sie eines Tages pflegerische Unterstützung benötigen sollten. »Bitte lasst mich das für euch tun, ich kann es mir doch jetzt leisten!« Meinem Vater gefiel der Gedanke sofort; interessiert besichtigte er – der Baufachmann – den Rohbau im Lindenhof, einem ruhigen, grün gelegenen Stadtteil im Süden von Mannheim.

Meine Mutter war schwerer zu überzeugen. Den Waldhof nach fast fünf Jahrzehnten verlassen? »Niemals, ihr kriegt mich hier nicht weg!« Alle ihre Erinnerungen hingen an unserer 68-Quadratmeter-Wohnung. Hier hatte Hilde ihre Kinder großgezogen, hier kannte sie in der Nachbarschaft jeden Stein. Doch diesmal setzten mein Vater und ich uns durch, wir hatten einfach die besseren Argumente auf unserer Seite. Wir zeigten ihr den Fahrstuhl, die altersgerechte Dusche, den großen, sonnigen Balkon. Und, »gucke mol!«, ist das nicht eine schöne Gegend? Das Rheinufer gleich um die Ecke, alle Geschäfte des täglichen Bedarfs fußläufig zu erreichen.

Am Ende willigte Hilde ein. Leider starb mein Vater, noch bevor die Wohnung bezugsfertig war. Bei aller Trauer war das am Ende ein Segen für meine Mutter. Sie weinte viele Wochen und Monate um ihren Mann, aber durch den Umzug und den Tapetenwechsel war sie auch abgelenkt. In der alten Wohnung hätte jede Tasse, jedes Kissen sie für immer an Turan erinnert. Sie hätte in der Küche neben seinem leeren Stuhl gesessen; im Wohnzimmer hätte der Blick auf seinen Couchplatz täglich geschmerzt. Mit der neuen Wohnung begann für meine Mutter ein neuer Lebensabschnitt.

Mittlerweile ist sie im Lindenhof heimisch geworden und wird nicht müde, sich über ihre vier Wände zu freuen. Sie liebt den großzügigen Grundriss und die vielen kleinen Annehmlichkeiten des Neubaus. Alles ist gut isoliert und hochwertig verarbeitet. Und so viel Platz, wenn Kinder und Enkel zu Besuch kommen! »Der Umzug war das Beste, was mir passieren konnte«, hat sie in den letzten Jahren oft zu mir gesagt. Dass ihre Witwenrente verschwindend gering ist, macht nichts, ich achte darauf, dass ihr Konto konstant im Plus ist.

Und natürlich ist der Obstkorb, der in Hildes Einbauküche auf der Anrichte steht, immer randvoll.

7 Der rote Schottenrock

Im Rückblick auf das eigene Leben sieht alles oft logisch und schlüssig aus. Nach einem Plan, einem geradlinigen Weg. Aber – so hat es sich unterwegs nicht angefühlt. Kein bisschen.

Wir schreiben das Jahr 1996. Ich bin 20 Jahre alt, ein absoluter Grunge Fan, höre Pearl Jam, Nirvana, auch Guns n' Roses. Zum Tanzen gehe ich am liebsten ins »Genesis«, das ist eine coole Kellerdisko in Mannheim am Luisenring. Wenn ich tanze und meine Haare wild um mich werfe, trage ich über meinen nackten Beinen oft einen roten Schottenrock. Mit dem Look habe ich mich auch bei VIVA beworben – und habe sogar ein Vorstellungsgespräch ergattert. Richtig gehört: VIVA, der Musiksender aus Köln! Seit 1993 ist das deutsche Team auf Sendung, als Antwort auf MTV Europe. Wenn man dort keine Netzwerke knüpfen kann, wo dann?

Ich will nämlich in die Musikbranche. Musiker werden.

Oder Medienbranche.

Jedenfalls irgendwas mit Mikrofonen.

Seit dem Abitur ist da ein Hunger in mir, ein bohrendes Gefühl in meinen Eingeweiden: Ich möchte berühmt werden. Wie stellt man das an? Ich kenne niemanden, den ich fragen oder an dem ich mich orientieren könnte. Ich traue mich nicht mal, meinen Traum laut auszusprechen, so absurd klingt er in meinen Ohren. Sei dankbar, sei bescheiden, das ist die Haltung, die ich zu Hause gelernt habe. Meine Eltern verkehren weder mit verrückten Künstlern noch mit gut vernetzten Journalisten oder kreativen Regisseuren. Hildes und Turans Freundeskreis besteht aus Hausfrauen und Handwerkern. Kleinbürgerlich und bodenständig, das trifft es.

Wie packe ich es also an? Ich habe meinen Zivildienst beendet und wohne immer noch zu Hause. Mich beschleicht jetzt immer öfter das Gefühl, dass der Waldhof nicht der beste Ausgangspunkt ist für das, was ich vorhabe. Wie schafft man es von einem Mannheimer Vorort in die weite Welt?

Ja, okay, es gibt ein paar Mannheimer Berühmtheiten. Joy Fleming zum Beispiel. Die Blues- und Schlagersängerin. Von der hat man schon gehört. Die kommt auch aus meiner Region. Aber sonst? (Die Söhne Mannheims haben sich zwar bereits 1995 gegründet, genau in dem Jahr, in dem ich Abitur gemacht habe. Aber es wird noch bis nach der Jahrtausendwende dauern, bis das ganze Land Xavier Naidoos Balladen mitsingt.)

Seit der Schulzeit spiele ich in einer Rockband, wir nennen uns »The Gist« (zu deutsch: das Wesentliche, der Kern), später dann »The Maine« – nach dem amerikanischen Bundesstaat. Unser Gitarrist sieht megagut aus, auf den sind viele Mädchen scharf. Ich singe, mit offenen Haaren und vollem

Körpereinsatz. Dann sind da noch ein Schlagzeuger und ein Bassist. Wir treten gelegentlich in Jugendclubs auf. Im Gepäck sogar schon ein paar eigene Nummern. Vieles laut und rockig, manches melancholisch-melodiös. Selbst die schlechten Boxen in den Clubs, die den Ton fürchterlich verzerren, können unsere Songs nicht ruinieren. Neulich hat der Mannheimer Morgen, die lokale Tageszeitung, über uns geschrieben. Eine Hymne! Dabei ist der Musikkritiker, Mike Seifert, bekannt dafür, dass er nicht zimperlich ist. Was ihm nicht gefällt, wird gnadenlos zerrissen, egal, wie groß und berühmt die Band ist. Seifert ist selbst ein Metaller, trägt die Haare lang wie ich. Sein Name ist in der Stadt eine Institution, wir alle haben großen Respekt vor ihm und seinem messerscharfen Urteil. (Im Zuge der Buchrecherchen habe ich versucht, ihn ausfindig zu machen. Leider starb Mike Seifert 2020 mit nur 60 Jahren.)

Seifert lobt uns – wir können es kaum glauben – über alle Maßen und nennt uns in seinem Artikel eine Band mit Zukunft. Die Zeitung druckt neben dem Text sogar ein Foto ab. Auch da trage ich den roten Schottenrock. Danach haben wir einen kleinen, aber heftigen Höhenflug. Tagelang fühlen wir uns wie Superstars. Das ist der erste Meilenstein, denken wir. Jetzt sind wir schon so gut wie berühmt! Tatsächlich werden wir immer mal wieder eingeladen, spielen hier und dort und insgesamt auch nicht schlecht. Wobei – ein bisschen mehr Üben könnte wahrscheinlich nicht schaden. Aber keine Plattenfirma meldet sich bei uns.

Dafür klappt es auf Anhieb mit VIVA. Sechs Monate in der Mediengroßstadt Köln! In Deutschland bin ich ehrlich gesagt bisher noch nicht viel rumgekommen. In Berlin war ich noch nie, auch nicht in Hamburg oder München. Als VIVA-Praktikant arbeite ich Vollzeit, für ein dreistelliges monatliches Taschengeld. Wir machen fast dieselbe Arbeit wie die Redakteurinnen und Redakteure, tragen auch jede Menge Verantwortung, aber das zu einem Minilohn. Wem Fehler unterlaufen, der kassiert schon mal einen Anschiss. Ich schreibe Texte für den Teleprompter, ich briefe die Moderatoren, ich bereite Interviews vor und schicke Anfragen raus.

Zufällig bin ich in der VIVA *Interaktiv*-Redaktion gelandet. Fünf Mal die Woche senden wir in die deutschen Wohnzimmer, jeweils mehrere Stunden lang. Meine Mucke ist es zwar nicht, was wir da an Musikclips bringen, zu poppig für meinen Geschmack, aber die Sendung ist extrem beliebt, und viele der Moderatorinnen und Moderatoren – darunter Heike Makatsch, Mola Adebisi, Nils Bokelberg und Minh-Khai Phan-Thi – nutzen sie als Sprungbrett für ihre Karrieren.

Apropos Traumberuf »VJ« (zu deutsch Musik-Video-Ansager): Das kann ich mir mittlerweile auch vorstellen. Bei VIVA läuft gerade mal wieder ein Casting, natürlich mache ich mit. Ich gebe mir Mühe, meinen Dialekt zu verbergen, spreche halbwegs manierliches Hochdeutsch, versuche dennoch, locker und lustig zu sein. »Das klingt nicht authentisch«, kriege ich hinterher zu hören. Und dass das Kurpfälzische zu stark durchschimmern würde. Den Job bekomme ich nicht.

Köln ist trotzdem toll. Zum ersten Mal in meinem Leben bin ich aus Mannheim weg. Ich genieße die Selbständigkeit, die Partys, das ungewohnte WG-Leben. Ich lerne

© privat

⇧ 1986 wechselte ich von der Grundschule aufs Gymnasium. Dass ich links außen in der ersten Reihe sitze (man beachte den hellblauen Hirschpullover!), ist kein Zufall. Ich hatte kaum Freunde. Manchmal stellte ich mich zu dieser oder jener Clique – aber im Grunde genommen fühlte ich mich jahrelang deplatziert. Das hatte nichts mit meinen türkischen Wurzeln zu tun. Wir waren eine tolerante Multikulti-Klasse, es gab keine gegenseitigen Vorurteile, soweit ich mich erinnere. Ich war einfach nicht cool. Ich nahm die Schule verdammt ernst; es war mir wichtig, bei den Lehrern einen guten Eindruck zu hinterlassen. Bis heute prägt mich dieser hohe Anspruch: Ich will immer abliefern, es gut machen, andere nicht enttäuschen.

⇧ Auf diesem Bild bin ich ungefähr 15 Jahre
alt. Ich war sehr unzufrieden mit meinem
Äußeren, hatte Komplexe. Alles in allem war
die Pubertät eine schwierige, einsame Zeit.
Man weiß nicht, wer man ist und wohin die
Reise geht. Ich war mir zwar sicher, dass
ich Abitur machen wollte – aber viel mehr
Gewissheiten hatte ich nicht.

⇩ Alles wurde besser, als ich 1993 in die Oberstufe kam. Man sieht es deutlich: Auf diesem Schulfoto wirke ich bereits ganz locker und zufrieden. Mein neuer Pocahontas-Look kam gut an, auch beim anderen Geschlecht. Einmal war ich mit drei Mädchen aus unserer Stufe gleichzeitig im Café verabredet. Ich dachte: Wow, Bülent, jetzt hast du es geschafft! Doch dann stellte sich raus, dass ihre Interessen etwas anders gelagert waren als meine. Sie sagten den Satz zu mir, den kein heterosexueller Mann der Welt hören möchte: »Bülent, du bist wie ein Bruder für uns!«

© privat

⇨ Das Foto entstand an meinem 18. Geburtstag. Wie man sieht, sind meine Haare schon richtig lang. Aber ziemlich ernst sehe ich trotzdem noch aus.

© privat

andere Musiker kennen, singe mit ihnen, bin sogar einmal richtig besoffen und kotze ins Klo: Rock 'n' Roll! Leider ist das Geld furchtbar knapp. Mein möbliertes Zimmer kostet 540 D-Mark, das entspricht fast meinem gesamten Lohn. Ich zehre von meinem Sparschwein aus Kindertagen. Meine Eltern machen gerade selbst schwere Zeiten durch, sie können mich nicht unterstützen. Ich schreibe ihnen regelmäßig innige Briefe. Im Gegenzug schicken Hilde und Turan mir Pakete mit Konserven: Dosensuppen, Gemüseeintöpfe. Nach vier Monaten Praktikum bin ich so blank, dass ich überlege, meinen Bruder Fritz anzupumpen. Weil ich bei VIVA von morgens bis abends im Einsatz bin, kann ich mir auch keinen Paralleljob zum Geldverdienen suchen.

Nach Mannheim fahre ich an den Wochenenden nur selten. Und wenn, dann nicht mit dem Zug – viel zu teuer –, sondern mit dem alten Peugeot 305, den mein Vater mir vor einiger Zeit überlassen hat. Die Bremsbeläge sind komplett durch. Für neue habe ich kein Geld. Es reicht gerade mal für die Tankfüllung. Wegen der kaputten Bremsen traue ich mich nicht, die 250 Kilometer tagsüber zurückzulegen. Ich fahre nur im Schutz der Dunkelheit, wenn die Autobahn leer ist. Bei jeder Bremsung gibt das Auto ein kreischendes Geräusch von sich: Eisen auf Eisen. Fährt eine Polizeistreife an mir vorbei, versuche ich, den Wagen ausrollen zu lassen. Bloß keine Aufmerksamkeit erregen.

Meine Fahrmanöver sind eigentlich lebensgefährlich. Aber was soll ich machen? Irgendwann beschließt das Auto zum Glück, den Geist aufzugeben. Spätabends nach meiner Fahrt aus Köln habe ich es noch vor dem Haus meiner Eltern abgestellt. Am nächsten Morgen rührt sich nichts mehr; Lenkung und Motor sind im Arsch. Turan und ich können den Peugeot nur noch verschrotten.

Nach einem halben Jahr ist das Praktikum vorbei. Niemand hat mich entdeckt. Über VIVA in die Medien- und Fernsehwelt reinzukommen, hat auch nicht geklappt. Die Redaktion hat mir kein Folgeangebot gemacht, meine Praktikumsstelle wird einfach neu vergeben. Das Angebot an willigen jungen Leuten ist riesig. Zack – schon bin ich ersetzt.

Ich muss zurück nach Mannheim. In Köln kann ich ohne Geld, Job und Perspektive nicht bleiben.

Schweren Herzens ziehe ich wieder bei meinen Eltern ein. Es fühlt sich an wie ein Rückschritt. Nicht gut.

Da steckt etwas in mir, das raus will. Aber ich weiß nicht, was es ist und wie ich es zum Vorschein bringen soll.

Soll ich erst einmal studieren? Mit welchem Berufsziel? Politik und Philosophie interessieren mich sehr. Aber Lehrer werde ich sicher nicht. Vielleicht schaffe ich es mit dieser Fächerkombination auf Umwegen doch noch in die Medienwelt …?

Zumindest eines meiner Probleme könnte die Uni auf Anhieb lösen. Als Student kann ich Bafög beantragen. Nebenher halbtags kellnern, Bierkrüge hin- und herschleppen – das will ich auf keinen Fall. Ich weiß jetzt schon, dass ich dann nicht genug Zeit zum Lernen haben werde. Und ich bin immer noch ehrgeizig. Wenn ich wirklich ein Studium anfange, will ich es durchziehen. Trotzdem birgt das Bafög auch Nachteile: Ich muss die Klausuren und Hausarbeiten in einem vorgegebenen Zeitraum schaffen – und ich werde einen Teil des

Geldes eines Tages an den Staat zurückzahlen müssen. Das alles macht mir jetzt schon Druck.

Durch die Bafög-Formulare kämpfe ich mich allein, meine Eltern sind bei solchen Dingen keine Hilfe. Wochen später kommt der Brief: Antrag in voller Höhe bewilligt. Ein Lichtblick! Zu Hause ist die Stimmung durchwachsen. Jetzt, wo ich erwachsen bin, bekommt uns dreien die räumliche Enge nicht mehr. Junge Frauen bringe ich nur ungern mit in mein Kinderzimmer auf dem Waldhof. Mit meinen Eltern streite ich viel. Meine älteren Geschwister sind sich einig: »Bülent, du musst da endlich mal raus!« Dank des Bafögs kann ich nach einer eigenen Bleibe Ausschau halten. Wenn ich umsichtig haushalte, schaffe ich es vielleicht sogar, jeden Monat etwas Geld zur Seite zu legen.

Kurze Zeit später habe ich tatsächlich meine erste eigene Adresse: eine Zweizimmer-WG in der Seidlitzstraße in Ludwigshafen, im Schatten der vierspurigen Konrad-Adenauer-Brücke, die über den Rhein nach Mannheim führt. Ich wohne jetzt ›unner der Brück‹ mit meinem Freund Andreas. Es ist nicht die allerbeste Gegend, in der wir untergekommen sind, viele heruntergekommene Mietshäuser, aber die Wohnungen sind günstig. Im Haus gibt es einen Hausmeister, der trinkt, lallt und nuschelt. Was dabei Ursache und was Wirkung ist, bleibt unklar. Sein krasser Ludwigshafener Dialekt ist selbst für mich als Mannheimer kaum zu verstehen. Er trägt einen Kittel und hat meist miese Laune. Leider verstehen wir akustisch nie, was der Anlass seines Ärgers ist. Aber wenn ich meinen Mitbewohner zum Lachen bringen will, imitiere ich das unverständliche Gebrabbel. Andreas liegt jedes Mal unterm Tisch vor Lachen. Überhaupt genieße ich die WG-Zeit. Mit meinem Mitbewohner verstehe ich mich bestens, nur seine müffelnden Schuhe im Flur stören mich ein bisschen. Einmal schmeiße ich heimlich seine alten Schlappen weg. Zum Glück merkt er es nicht. Bevor ich Frauen einlade, versuche ich, aufzuräumen und mit Duftkerzen gegenzusteuern.

Zwei Jahre später werde ich noch in eine andere WG umziehen, die ich mir mit einem Anwalt und zwei Katzen teile. Leider haben die Katzen schwere psychische Probleme, sie scheißen überall hin und greifen mich aus dem Nichts heraus an. Offenbar halten sie mich für einen feindlichen Eindringling. Vor Angst schließe ich mich oft in meinem Zimmer ein. Wenn ich im Wohnzimmer auf der Couch liege, trage ich Handschuhe und umwickle meine Arme mit Handtüchern. Zu groß die Gefahr, dass die zwei mich anspringen und ihre Krallen in meine Gliedmaßen schlagen. Für Frauenbesuche ist diese Wohnung gänzlich ungeeignet. Ich kündige schnell wieder.

Mit einem Auge halte ich immer Ausschau nach Möglichkeiten, um aufzutreten. Im Mannheimer Rosengarten wird gerade ein Musical mit jungen Darstellerinnen und Darstellern geprobt. Ich bewerbe mich und werde als singender Statist engagiert. Eine namenlose Rolle, ich bin bloß ein Soldat im Soldatenchor. Nach der letzten Vorstellung bei unserer internen Abschiedsfeier schnappe ich mir das Textbuch und lese komplette Szenen vor – mit verstellten Stimmen und wechselnden Dialekten. Vielleicht nehme ich Stimmen anders wahr als andere, jedenfalls fällt es mir seit meiner Kindheit leicht, fremden Singsang nachzuahmen, Tonlagen und Satzmelodie intuitiv zu imitieren. Das gesamte Ensemble liegt am Boden vor Lachen. »Bülent, sowas kannst du? Da musst du unbedingt mehr draus machen!« Das höre ich nicht zum ersten Mal. Aber von meinem Imitationstalent allein kann ich mir nichts kaufen. Mir fehlen die Gelegenheiten zu Auftritten, die Kontakte, der passende Rahmen.

Mein Grundgefühl in diesen ersten Jahren nach dem Abitur: große Ratlosigkeit. Sollte ich das ganze Medien- und Kulturbusiness vergessen und mir etwas Handfestes suchen? Sonderpädagogik vielleicht? Sozialarbeiter? Oder versuche ich es doch irgendwie weiter in Richtung Bühne? Aber was mache ich, wenn ich vor Publikum stehe? Singen? Dialekte imitieren?

Bei den Musicalaufführungen habe ich Thomas kennengelernt, einen jungen Lehrer. Zusammen nehmen wir Gesangsunterricht. Ich bezahle die Stunden von meinem Bafögsatz. Insgeheim träume ich immer noch davon, ein Metaller zu werden. Ein erfolgreicher Rockmusiker. Aber eins ist mir aufgefallen: Mehr noch als meinen Gesang feiern die Leute es, wenn ich vor dem Mikrofon lustige Dinge mache. Wenn ich mich spontan in Harald verwandle, den Kleingartennachbar meiner Eltern. Oder in Teenie-Tennisidol Boris Becker. In Hans-Jochen Vogel, den ehemaligen SPD-Vorsitzenden. In Marcel Reich-Ranicki, den großen Literaturkritiker. Oder in einen cholerischen Mannheimer Hausmeister namens Mompfred, der in Wahrheit ein Ludwigshafener ist.

Sobald ich in solche kuriosen Rollen schlüpfe, lachen die Leute. Applaudieren heftig. Das gefällt mir natürlich – trotzdem weiß ich noch nicht so recht, was ich mit dieser Erkenntnis anfangen soll.

Eigentlich müsste ich auch mal wieder ein bisschen zielstrebiger studieren. Aber wissenschaftliches Schreiben ist eine Qual für mich; Deutsch war schon in der Schule nicht mein bestes Fach. Wie soll ich das mit der Magisterarbeit hinkriegen? Immerhin habe ich die Zwischenprüfung in Philosophie und Politikwissenschaften bestanden. Doch seitdem lasse ich es schleifen. Meine Ausrede lautet: Ich habe anderes zu tun. Mit Thomas trete ich mittlerweile als Duo auf. Er moderiert, ich trage mit verstellter Stimme kurze Anekdoten vor. Ein Kabarettist aus der Region bekommt das mit und lädt mich als Gast in seine Show ein. Das Angebot gilt allerdings ausdrücklich nur mir allein. Wie sag ich es Thomas? Und, ein noch drängenderes Problem, wo kriege ich für solche und mögliche Folgeauftritte ein professionelles Skript mit ausgefeilteren Gags her?

Bisher ist das alles ziemlich improvisiert und dilettantisch, was ich auf der Bühne von mir gebe. Das gefällt mir nicht, ich will unbedingt besser werden. Wer könnte mir weiterhelfen? Vor einiger Zeit hatte ich einen Nebenjob bei dem privaten Radiosender RPR1, dort habe ich einen Comedy-Autor kennengelernt. Roland Junghans, einige Jahre älter und viel erfahrener als ich. Den rufe ich an. Ob er mir hilft, an meinen Texten zu schreiben? »Das Problem ist, ich kann dich nicht bezahlen.« Junghans ist trotzdem einverstanden. Unser Deal lautet: Sobald ich mit den Auftritten etwas verdiene, gebe ich ihm was ab. Zusammen entwickeln wir verschiedene Szenen, denken über Pointen und dramaturgischen Aufbau nach.

(Auch wenn sich unsere Wege 20 Jahre später trennen werden, weiß ich, was ich ihm zu verdanken habe.)

Ich habe mittlerweile schon ein kleines Repertoire an Figuren zusammen. Weil ich nun meist alleine auf der Bühne stehe, arbeite ich mit ganz wenigen Requisiten, ohne große Kostümwechsel oder Schminke. Die Wechsel zwischen den Figuren entstehen oft nur durch eine Mütze, eine Jacke, eine veränderte Körperhaltung und einen anderen Gesichtsausdruck. Die An- und Abmoderationen übernimmt der Kurpfälzer und Bundeskanzler der deutschen Einheit, Dr. Helmut Kohl – beziehungsweise sein deutsch-türkisches Double mit dem schulterlangen schwarzen Haar. Dieser Kohl muss gar nicht viel sagen, es reicht, wenn er zu seinem typischen, halb gesprochenen, halb geschnauften Gruß durch den Mund ansetzt: »'n Abend«. Schon fangen die Leute an zu lachen.

Zwei Jahre später: Ich bin jetzt 22 Jahre alt und trete neuerdings immer öfter in und um Mannheim auf Kleinkunstbühnen auf. Ist das mein Weg, meine Bestimmung? Mittlerweile gibt es ein erstes abendfüllendes Programm: »Produzier mich net«. Natürlich habe ich weder eine Agentur noch ein Management. Ich muss mich selbst verkaufen, mich um Auftrittsmöglichkeiten und Terminplanung kümmern. Zum Studieren komme ich kaum noch. Ich werde wohl, sehen wir den Tatsachen ins Auge, mein Studium abbrechen.

»Kann man davon leben?«, fragt mein Vater, als ich ihm sage, dass ich überlege, Vollzeit als Komiker zu arbeiten.

»Ja. Vielleicht. Irgendwann. Ich weiß es nicht«, lautet meine ehrliche Antwort.

Ich gucke meine Eltern aufmerksam an: Sind Turan und Hilde jetzt enttäuscht? Weil ich doch kein studierter Politikwissenschaftler werde?

Aber meine Eltern nicken nur und lächeln. »Hauptsache, du bist glücklich«, sagt meine Mutter. »Du solltest das machen, was du machen willst – es ist dein Leben«, sagt mein Vater. Die beiden unterstützen mich emotional bei diesem wichtigen Schritt, so wie sie es immer getan haben. Und es auch weiterhin tun werden.

8 Von Monnem aus, aus Monnem raus

Wäre Corona im Jahr 2000 statt 2020 aufgetreten, ich bin sicher, dass ich die Pandemie beruflich nicht überstanden hätte. Als ich 1998 den Entschluss fasste, nur noch von meinem Einkünften als Komiker zu leben – zum Glück akzeptierte mich die Künstlersozialkasse, damit konnte ich zumindest meine Kranken- und Rentenversicherungskosten in Schach halten –, wusste ich nicht, dass zehn magere Jahre vor mir liegen würden. Zehn Jahre lang Kleinkunstbühnen, zehn Jahre lang kaum TV-Engagements, zehn Jahre lang keine Planungssicherheit und keinerlei finanzielles Polster.

Ich wurde quasi zum Langzeit-Newcomer.

Vor allem der Kurpfälzer Dialekt, mein Markenzeichen, war mein Trumpf – und mein Problem. Ständig musste ich mir anhören, dass ich damit nicht weit kommen würde. Vielleicht noch im Süden, auf Kabarettbühnen in Baden-Württemberg oder Bayern, aber im Norden, Westen oder Osten der Republik? Dort verstehe doch niemand »unseren« Humor. Den Mannheimern fehlte es an Phantasie und an kollektivem

Selbstbewusstsein, um an einen Erfolg *made in Monnem* zu glauben. (Das hat sich in den letzten Jahren deutlich verändert.) Einen Komiker mit meinem Profil sah man vielleicht regional touren. Aber darüber hinaus? Sicher nicht.

Aber war mein Dialekt wirklich ein so großes Hindernis? Ungewohnt, ja. Doch auch voller Potenzial. Bei Auftritten in anderen Bundesländern musste ich oft nicht mal einen Gag bringen. Schon ein paar hingeworfene Sätze von mir brachten die Leute zum Lachen. Wenn ich ihnen – »Uffbasse!« – was von »brunze'« (pinkeln) erzählte, war das Eis direkt gebrochen. In Mannheim war das Publikum im Vergleich dazu viel anspruchsvoller. Mit Dialekt allein konnte ich nicht punkten, es musste auch noch eine Pointe her. Fernab der Pfalz prustete das Publikum schon, wenn ich nur feststellte: »Des is des Schönste, des wo's gibt.« Oder wenn ich ihnen erklärte: »Mir esse Brotworscht. Aber mir is des Brot worscht.«

Außerhalb der Region gab ich mir Mühe, zwischendurch ins Hochdeutsche zu wechseln, ich übersetzte mich laufend selbst. Bei meinen Auftritten in Mannheim zügelte ich mich dagegen kein bisschen, da war meine Dialektfärbung noch intensiver, meine Aussprache absichtlich vernuschelt. Dass manche Gäste dadurch nichts verstanden, nahm ich in Kauf. (Ende der Nullerjahre hätte ich mir dadurch fast eine wichtige Fernsehaufzeichnung vermasselt. Doch dazu später mehr.)

Wovon ich als Anfänger um die Jahrtausendwende träumte? Ich wollte Kleinkunstbühnen mit 100 bis 300 Plätzen füllen – und zwar in ganz Deutschland. Nicht nur entlang der Weinstraße, sondern auch in weit entfernten Städten wie Berlin, Bremen, Flensburg, Essen, Dresden oder Leipzig. Vor allem die neue Hauptstadt und ihr cool-abgeklärtes Publikum waren zu einem wichtigen Maßstab für mich geworden. Wenn ich es dort und anderswo schaffen würde, als »Türk aus Monnem« in kleinen, aber feinen Theatersälen aufzutreten, wäre ich am Ziel. Denn dann, das hatte ich mir schon ausgerechnet, könnte ich von meiner Kunst endlich einigermaßen leben.

Doch von dreistelligen Zuschauerzahlen war ich jenseits von Mannheim meilenweit entfernt.

In der Heimat lief es ab dem Jahr 2000 dagegen ganz gut. An einen Umzug dachte ich nach meinem kurzen Köln-Intermezzo nicht mehr. Langsam wuchs meine Fan-Base. Ich spürte: Hier gehöre ich hin, hier sind meine Wurzeln, hier kenne ich buchstäblich jeden Hügel und bewege mich mühelos wie ein Fisch im Wasser. Mir war klar, dass ich nur in Kombination mit meiner Region »funktionierte«. Der Mannheimer Humor ist sehr speziell: ziemlich trocken, ein bisschen »bleed«, ein bisschen böse. Die Leute reden frei heraus. Wenn einem Monnemer etwas nicht passt, sagt er: »Leck mich am Arsch.« Mannheim hat eine »Gosch«, es klingt immer ein bisschen asozial, aber auch witzig und sympathisch. Gegen die Mannheimer wirken die Heidelberger deutlich distinguierter. Ins schicke Heidelberg gehen die Mannheimer zwar auch gern, aber abends fahren sie zufrieden wieder nach Hause. Nur wenn der Mannheimer Besuch von Auswärts kriegt, führt er die barocken Sehenswürdigkeiten vor. Allerdings mit dem Gestus, als wäre Heidelberg ein Stadtteil von Mannheim.

Auf der anderen Seite des Rheins liegt noch Ludwigshafen.

Das ist so eine Stadt … wie sage ich das jetzt charmant? Der Ludwigshafener kommt nach Mannheim, aber der Mannheimer fährt nicht nach Ludwigshafen. Oder nur selten. Ludwigshafen ist eine industriell geprägte Stadt, schöne Architektur sucht man weitgehend vergeblich. Wie bitte – das denkt der Rest der Nation auch von Mannheim? Mannheim hat immerhin ein Schloss und den Luise'park! Und übrigens auch eine sehr lebendige Kultur- und Clubszene! Die Ludwigshafener sind, jedenfalls ihrem Ruf nach, noch eine Spur härter und rauer als die Mannheimer. Deshalb können wir Mannheimer auch immer noch über den alten Witz lachen: Das Schönste an Ludwigshafen ist die Brück' nach Monnem.

Was ich am meisten an meiner Region mag? Dass die Menschen hier so bodenständig und unprätentiös sind. Und ich liebe es, auf der Straße breiten Dialekt zu hören – das gehört für mich untrennbar zum Heimatgefühl. Leider pflegen viele junge Menschen den Dialekt nicht mehr so wie noch die Generation meiner Eltern. Auch meine eigenen Kinder sprechen in der Schule, im Kindergarten und zu Hause kaum Dialekt. In unserem speziellen Fall hat das mit meiner Frau Radine zu tun, die in Nordrhein-Westfalen aufgewachsen ist, aber kristallklares Hochdeutsch spricht – »Oxford-Deutsch« nenne ich es immer. Schon zu Beginn unserer Beziehung war klar: Eventuell würde sie zwar einwilligen, zu mir nach Süddeutschland zu ziehen. (Ich hatte ihr bei ihren ersten Besuchen natürlich ausgiebig Heidelberg gezeigt.) »Aber niemals werden meine Kinder später ›Mudda, kumm her‹ zu mir sagen«, betonte sie stets. Da kriege sie schon beim Gedanken Gänsehaut. Tatsächlich kommen meine beiden jüngeren Kinder nicht nur äußerlich, sondern auch sprachlich sehr nach ihrer Mama. Nur manchmal mogelt sich ein kleiner, verräterischer Dialektkrümel in die Sätze meines Sohnes. »Papa, siehst du *des*?« Dann nicke ich heftig und freue mich.

Wenn ich heute durch Mannheim fahre, um den Wasserturm herum, durch den Waldhof oder durch die Straßen des türkischen Viertels, dann komme ich aus dem Winken und Grüßen gar nicht heraus. Die Menschen nicken mir aus den Cafés, Teestuben und Shishabars zu, sie halten mich an, wollen kurz »schwätze« oder ein gemeinsames Foto machen. Ich genieße das sehr, ich fühle mich pudelwohl in meiner multikulturell geprägten Heimatstadt. Niemals könnte ich mir vorstellen, aus der Region wegzuziehen.

Doch zurück in die Zeit um das Jahr 2000 und zu meinem Traum von deutschlandweiter Bekanntheit: Es kann ein Vorteil sein, als Anfänger gleich in einer Großstadt zu starten, mit allen dort verfügbaren Akteuren und Netzwerken. Es kann aber auch ein Nachteil sein. Man geht schnell unter, wird in der Menge der Talentierten übersehen. An den Rand gedrängt von denen, die bereits im Scheinwerferlicht stehen. Jenseits der großen Metropolen ist es oft einfacher, die ersten Schritte in die Öffentlichkeit zu machen. Die örtliche Kultur- und Medienszene reagiert offener, vielversprechende Nachwuchskünstler werden schneller zum Stadtgespräch. Was allerdings schwierig bleibt, ist der Sprung über die eigene Region hinaus.

Mittlerweile hatte ich in Mannheim einen kleinen monatlichen Club gestartet, in der Opera Buffa an der Waldhofstraße, einer Kneipe mit angeschlossenem Bühnenraum für

Livemusik. Ich war einfach zu den Pächtern gegangen, hatte mich und mein Konzept vorgestellt: »Ich würde hier gern eine regelmäßige Comedy-Reihe mit Gästen machen.« Ich lud andere Comedians aus der Region ein, moderierte wieder als Helmut Kohl, niemand verdiente viel, aber es wurden lustige, bunte Abende.

Nach einigen Monaten schaffte ich es mit »Bülents Comedy-Club« ins Stadtmagazin Meier. Als Veranstaltungstipp in der Rubrik »Wo man gut weggehen kann«. Das Magazin wurde offenbar aufmerksam gelesen, jedenfalls waren beim nächsten Mal prompt alle 150 Plätze besetzt. Ab jetzt lief das Format sehr gut, wir hatten keine Probleme, die Tickets zu verkaufen. Bei aller Freude rumorte ständig ein Gedanke in meinem Kopf: Wie kann ich diese Stimmung und diesen Zuspruch in eine andere Stadt, an einen anderen Veranstaltungsort transferieren?

Weil ich noch immer kein Management hatte, hörte ich mich bei den älteren Profis um. Die Chansonsängerin Kiki Sauer gab mir einen wertvollen Tipp: »Bewirb dich doch mal in Hamburg beim Gipfelstürmer-Festival.« Das war eine Veranstaltung, ins Leben gerufen und organisiert von dem Comedy-Regisseur und -Produzenten Thorsten Sievert, bei dem einmal jährlich fünf Nachwuchskomiker mit jeweils 20 Minuten Programm auftreten durften. Die »Gipfelstürmer«-Abende fanden in den Hamburger Kammerspielen statt, waren immer ausverkauft und eine tolle Gelegenheit, um neue Kontakte zu knüpfen. Allerdings musste man sich mit einem Video bewerben – und das taten jedes Jahr Dutzende Komiker aus ganz Deutschland. Nur mit einer überzeugenden Einsendung konnte man es unter die auserwählten Fünf schaffen. Als Kiki mir von den Gipfelstürmern erzählte, war es schon fast zu spät für eine Bewerbung; die Deadline war quasi übermorgen. Ich musste mich extrem beeilen. Eine Kamera und ein Kameramann fehlten mir außerdem. Immerhin stand ein Live-Auftritt vor der Tür, den ich aufzeichnen konnte.

Beim nächsten Comedy-Club in der Opera Buffa richtete ich eine Bitte an die Zuschauer, bevor ich mit der Show startete: »Heute, wenn möglich, extra laut lachen – mein Vater dreht ein wichtiges Video. Ich will mich nämlich bei einem Festival in Hamburg bewerben.« Die ersten Stammgäste johlten zustimmend. Ich wusste sofort: Auf die Unterstützung der Mannheimer ist Verlass. Der Abend brachte eine Bombenstimmung. Nach dem Auftritt spulten Turan und ich aufgeregt die VHS-Kassette zurück. Man sah: die Wand, die Decke, den Fußboden, die Rücken der Zuschauer. Ab und zu mich auf der Bühne, jedoch komplett verwackelt. Mir wurde vor Schreck heiß und kalt zugleich: »Vadda, was hascht' denn da gefilmt?« Turan entschuldigte sich. Die Aufregung, die zitternden Hände. Und außerdem: »Ich musste an manchen Stellen so lachen, da konnte ich die Kamera nicht ruhig halten.« Das war's dann wohl mit Hamburg, dachte ich.

Obwohl es das schlechteste Bewerbungsvideo aller Zeiten war, schickten wir es trotzdem los. Die Geschichte hat ein gutes Ende, das wissen viele meine Zuschauer schon. Ich wurde eingeladen. Die Jury fand die dilettantische Aufnahme, auf der man zwar den jungen Komiker kaum sehen und verstehen, dafür aber das ständige Kichern des Kameramanns hören konnte, total witzig. Wenn man es genau nimmt, wurde Turans Lachen nach Hamburg eingeladen.

Ich wiederum machte aus dem Erlebnis einige Zeit später Bühnenmaterial. So, wie ich viele Anekdoten aus meinem Leben in meinen Stand-up-Programmen verwerte. Natürlich werden die Geschichten dabei ein bisschen blumiger und pointierter nacherzählt, als sie sich in der Realität zugetragen haben. Aber im Kern sind die Episoden echt. Bei der Vhs-Geschichte gehören allerdings, wenn ich ehrlich bin, auch meine Wut und Frustration zur Wahrheit. Dass mein Vater das Video versaut hatte, nahm ich anfangs nämlich überhaupt nicht mit Humor. Ich wollte doch alles richtig machen! Vor allem wollte ich unbedingt professionell wirken und vor den Festivalprofis nicht wie ein planloser Idiot aus der Provinz dastehen.

In Hamburg konnte ich an zwei Abenden im Logensaal der Kammerspiele endlich beweisen, dass meine Figuren und mein Dialekt auch für ein Publikum im Norden der Republik funktionierten. Wir fünf Gewinner durften sogar eine Nacht länger im Hotel bleiben und gleich noch ein Gastspiel in Buxtehude spielen. Insgesamt waren die Tage in Hamburg großartig für mich. Alles war aufregend und fremd, aber der Stein schien ins Rollen geraten zu sein. Ich fand sogar endlich ein Management, das mit mir arbeiten wollte.

Besonders in Erinnerung geblieben ist mir noch etwas anderes: eine ganz beiläufige Begegnung auf dem Männerklo. Ein Typ, der in der Hamburger Kulturszene arbeitete, stand beim Brunzen direkt neben mir. Er hatte mitgekriegt, dass ich nach Auftrittsmöglichkeiten suchte. »Kannst du dir das denn überhaupt vorstellen, deutschlandweit auf Tour zu gehen? Ein Leben aus dem Koffer? Ständig weg von zu Hause? Du musst dir darüber im Klaren sein, dass das auf Dauer total anstrengend ist.«

Ich sah ihn an. »Ich weiß.« Aber das sei genau das, was ich mir sehnlichst wünsche. Wenn es nur endlich richtig losgehen würde.

Schnelldurchlauf durch die kommenden Jahre: Im Jahr 2000 trat ich im Paulaner Solo in München auf, beim *Quatsch Comedy Club* in Hamburg und beim Langenhagener Kabarett- und Comedyfestival in Niedersachsen. In Mannheim wohnte ich weiterhin in einem WG-Zimmer, mehr war noch nicht drin. 2001 tourte ich mit zwei Kollegen mit der »United-Slap-stick-Show« durch Deutschland. Ich gewann den Bielefelder Kabarettpreis, wurde in den Kölner Comedy Club eingeladen und machte kurzzeitig bei der im Culture Club gegründeten Comedy Company in Hanau in Hessen mit. Die Abwechslung gefiel mir, meine Gagen reichten aber leider immer noch nicht, um mir ein eigenes Auto zuzulegen. 2002 hatte mein Programm »Döner for One« in Mannheim Premiere, monatelang reiste ich damit durch Deutschland. Das klingt spektakulärer, als es war: Es war eine recht bescheidende Tour, die mein Management in mühsamer Klein- und Überzeugungsarbeit zusammengestellt hatte. Zu den Auftritten fuhr mich meistens mein Freund Christoph, genannt Stoffel, den ich als Licht- und Tontechniker engagiert hatte. (Immer noch kein eigenes Auto.) Seit vier Jahren war ich jetzt schon Berufskomiker, aber immer noch weit von meinen selbst gesteckten

Zielen entfernt. Stoffel munterte mich oft auf, wenn mal wieder nur eine Handvoll Leute gekommen waren. Ein Lichtblick: In Gaggenau bekam ich im März den Kleinkunstpreis Baden-Württemberg verliehen.

Und dann, endlich, im Sommer 2002, kriegte ich eine Einladung zur Internationalen Kulturbörse Freiburg. Um zu verstehen, welche immense Bedeutung die Einladung für mich hatte, muss ich kurz erklären, was es mit der Kulturbörse auf sich hat. Hunderte Veranstalter, Produzenten, Eventmanager, Festivalorganisatoren kommen einmal jährlich in den Breisgau, um sich dort Bühnennachwuchs anzugucken. Die Situation erinnert entfernt an einen Viehmarkt. Die Börse ist für normales Publikum nicht zugänglich, es ist eine rein interne Branchenveranstaltung. Komikerinnen und Komiker, Kabarettisten und auch Chansonsängerinnen und -sänger treten parallel auf mehreren Bühnen in einer Messehalle auf. Vorgegebenes Zeitfenster pro Künstler: rund 15 Minuten. Die Besucher schlendern von Bühne zu Bühne, von Auftritt zu Auftritt. Sie lachen selten, klatschen kaum. Man ist schließlich zum Arbeiten hier – nicht fürs Amüsement. In ihren Händen halten sie Notizblöcke, darauf kritzeln sie ihre Eindrücke. Man kann sich das ungefähr so vorstellen, als müssten Schauspieler vor einer Gruppe Theaterkritiker auftreten.

Die Qualität der Performance ist dabei von großer Bedeutung, denn bei der Kulturbörse Freiburg werden die »Einkäufe« fürs kommende Jahr getätigt. Wer mit seinem Kurzauftritt überzeugt, wird mit seinem Programm zuverlässig gebucht. Im besten Fall fährt man als Künstler mit einem vollen Kalender wieder nach Hause. Deshalb ist es so wichtig, nach Freiburg eingeladen zu werden. Vor 2002 hatte ich das nicht geschafft. Doch nun war der Kleinkunstpreis Baden-Württemberg meine Eintrittskarte.

Jetzt musste ich »nur noch« brillieren. Auch wenn mein Publikum vielleicht keine Miene verziehen würde. Mein Auftritt war für den Abend angesetzt, und man hatte mir sogar eine halbe Stunde zugesprochen. Mein Glück! Denn dann konnte ich etwas weiter ausholen und zwischen mehreren Figuren hin- und herwechseln. Ich war wie immer aufgeregt. Ich betrete jede Bühne bis heute mit leichtem Lampenfieber, ich gehe niemals super selbstbewusst oder gar überheblich in eine solche Situation. Eher habe ich Angst, es zu verkacken. Mein Management hatte vor meinem Auftritt in Freiburg noch auf mich eingewirkt: »Wir wissen, wie gern du die Leute im Publikum ansprichst und dann ein bisschen improvisierst. Aber bitte lass das heute sein! Die Profis hier mögen das nicht.«

Ich konnte es trotzdem nicht bleiben lassen, die versammelten Notizblöcke anzuspielen. 28 Minuten meines Auftritts waren vorbei, die Menge war geduldig vor meiner Bühne stehen geblieben und hörte aufmerksam zu. Zum Schluss wollte ich noch einen draufsetzen. Meine letzte Figur war Johannes Paul II., damals amtierender Papst. Mit seiner brüchigen Altmännerstimme rief ich ins Publikum: »Buchen Sie mich schnell, ich habe nicht mehr viel Zeit.« Das kam an. Lacher, Schlussapplaus. Ich wusste, wenn es gut gelaufen war, würde ich ausreichend Auftrittsmöglichkeiten für mindestens ein Jahr haben. Das bedeutete auch: stabile Einkünfte für viele Monate. Vor meinem Auftritt hatte ich daher, wie immer, ein Stoßgebet gen Himmel geschickt. Am nächsten Morgen huschte ich sofort in die Nebenhalle, wo die Tische der Agenturen untergebracht waren. Am Stand meines Managements hatte sich eine Schlange gebildet! Dutzende Anfragen und Buchungen für 2003. Meine Erleichterung war unbeschreiblich. Ich wusste, dass das ein Schritt in die richtige Richtung war. Auch wenn mich die Menschen da draußen in Deutschland noch nicht kannten – jetzt kannten mich wenigstens schon mal die Veranstalter.

9 Mit Hallebadkap und Bumbewasserzang

Wer glaubt, Komiker hauen 24 Stunden am Tag Gags raus, täuscht sich. Ich bin privat eher ruhig und nicht sonderlich schlagfertig. Zu Hause muss ich nicht ständig im Mittelpunkt stehen, ich genieße es, zuzuhören und mitzulachen. Ähnliches Verhalten kenne ich von vielen Kolleginnen und Kollegen, nicht nur bei Komikern, auch bei Schauspielern. Das sind oft zurückhaltende, teilweise fast scheue Menschen. Auf der Bühne ist das anders. Da fällt mir spontan der größte Quatsch ein. Im Scheinwerferlicht weiß ich, wie ich auf Menschen wirke und wie ich sie erreichen kann. Ich bin wirklich aus tiefstem Herzen Komiker – weil mir das unglaublich viel Spaß macht. Nicht, weil ich der Meinung bin, das sei ein schneller Weg zu Ruhm und Geld. (War es in meinem Fall auch keineswegs.)

Manchmal kennt man Leute im Freundeskreis, die sehr witzig sind, die bei jeder Party die Stimmung im Raum heben und die Aufmerksamkeit auf sich ziehen. Dann heißt es oft: »Du müsstest damit auftreten!« Das ist ein Missverständnis. Der Humor im Privaten, der sich in schlagfertigen Sprüchen und lustigen Dialogen entlädt, funktioniert ganz anders als der Humor auf der Bühne. Comedy und Kabarett sind Formen von inszenierter Unterhaltung. Zwei bis drei Stunden stehe ich da, alleine, und halte die Leute mit meiner One-Man-Show bei Laune. Es gibt außer dem Publikum kein Gegenüber. Meine Stichworte muss ich mir selbst zuwerfen. Und ob die Figuren, die Spannungsbögen, die Pointen funktionieren, die mein Autor und ich uns vorher auf dem Papier ausgedacht haben, weiß ich erst, wenn ich ein Programm mehrmals vor Publikum gespielt habe. Deswegen machen wir regelmäßig Vorpremieren und Testdurchläufe, um festzustellen, was noch hakt und wo nachgearbeitet werden muss. Ich habe auch einen Regisseur an meiner Seite, mit dem zusammen ich an Bewegungsabläufen, Betonungen oder geschickt gesetzten Pausen arbeite.

Übrigens: Verglichen mit einem neuen Bühnenprogramm finde ich das Schreiben eines Buchs deutlich schwieriger. Einmal zu Papier gebracht, stehen die Buchstaben dann unverrückbar da. Wenn einzelne Passagen die Leserinnen und Leser langweilen, kann ich sie nicht mehr verbessern.

Neue Texte für die Bühne lese ich gern Freunden vor. Wenn es schon ohne Kostüm und Regie witzig rüberkommt, ist das meistens ein gutes Zeichen. Bei Comedy ist außerdem die Verpackung wichtig. Wir Komiker sind absolut abhängig von den atmosphärischen Umständen. Würde ich mich in Mannheim auf eine beliebige Straßenkreuzung stellen, an der die Leute vorbeihetzen, würde das Wenigste von dem zünden, was ich auf der Bühne mache. Comedy braucht einen Ort – und ein menschliches Zusammengehörigkeitsgefühl: Wir wollen hier heute gemeinsam lachen. Das ist die unausgesprochene Vereinbarung, die ich und das Publikum vorher getroffen haben. Manchmal hat sogar die Architektur des Saals bereits eine belebende Wirkung. Wenn dann noch die Reihen gut gefüllt sind und die Stimmung gelöst ist, sind das ideale Voraussetzungen. Verstärkend kommen Bühnenbild, Licht und Sound hinzu. Nachdem ich meinen Durchbruch geschafft hatte, habe ich immer auf opulente Bühnen Wert gelegt – weil das für mich schon Teil der Show ist.

Mittlerweile habe ich Tausende Auftritte hinter mir und kann, das behaupte ich jetzt mal ganz selbstbewusst, mit so ziemlich jeder Situation umgehen. Denn Comedy ist ein bisschen wie ein Handwerk. Man wird oft besser, je älter man wird. Neben mir könnte das Bühnenbild umkippen, die Scheinwerfer könnten explodieren, die Boxen streiken: Mir würde trotzdem spontan irgendwas Beklopptes einfallen. Und wenn jemand im Publikum ohnmächtig wird oder die Vorstellung aus anderen Gründen unterbrochen werden muss? Dann mache ich halt eine Pause. Alles kein Problem. Ich habe sogar schon ein-, zweimal Leute aus dem Saal rausschmeißen müssen, weil sie sich nicht gut benommen haben. Ich sage dann ganz ruhig: »Das war's jetzt für dich.« Dann kommt mein Freund und Bodyguard Ali und macht Ali-Hopp. Schiebt den Störenfried einfach raus – und weiter geht's.

Früher, als Nachwuchskomiker, habe ich die älteren Kollegen immer sehr um diese Leichtigkeit und diesen Erfahrungsschatz beneidet. Einfach lässig reagieren und improvisieren, egal in welcher Lage, das wollte ich unbedingt auch können.

Den Jüngeren merkt man oft noch ihre Aufregung und ihre leichte Verkrampfung an. Sie halten streng an ihren Texten und Konzepten fest und sind dadurch schneller zu verunsichern oder aus dem Takt zu bringen.

Ich mache längst nicht mehr nur Comedy, sondern eine breitere Form von Entertainment. Ich singe neuerdings – dem Engel aus *The Masked Singer* sei Dank – auch wieder. Nach über 20 Jahren habe ich mich als Unterhaltungskünstler noch mal neu entfalten können. Was für ein Glück! (Jetzt fehlt nur noch die Schauspielerei, die steht auch auf meinem heimlichen Wunschzettel.) Vor Corona war ich an einem Punkt in meiner Karriere, an dem ich mich auf der Bühne unglaublich wohlgefühlt habe. Natürlich ist die Angst vor dem Versagen immer noch da. Vor jedem Auftritt hoffe und bange ich: Werde ich es rocken, wird es gut ankommen? Denn mein Anspruch ist, dass die Leute hinterher rausgehen und sagen: »Super Abend, ich habe so gelacht!« Sie sollen für zwei Stunden alle ihre Sorgen vergessen.

Dabei helfen mir meine Figuren enorm. Harald, Mompfred und Hasan begleiten mich seit meinen allerersten Bühnenauftritten in den späten 1990er Jahren. Es fällt mir leicht, in diese Rollen zu schlüpfen, ich kenne ihre Mimik, ihre Gestik, ihre Denkweise in- und auswendig. Sie sind mir buchstäblich in Fleisch und Blut übergegangen. Der Witz an diesen Typen ist, dass sie ihre Geschichten immer so erzählen, als kämen sie ihnen im Moment in den Sinn – trotzdem müssen die Schlusspointen sitzen. Voll auf die 12! Das ist bei Stand-up-Comedy nicht anders als im Karneval. Ich steige manchmal auch mittendrin aus einer Figur aus, ermahne mich dann aber selbst: »Halt, Leute, ich muss die Nummer noch zu Ende machen.« Alles an meinem Auftritt ist Spiel, Wechsel und Behauptung. Haare auf, Brille auf die Nase – ich bin Anneliese. Arme abgewinkelt, Duckface – ich bin Hasan. Kaputter Reißverschluss, vorgeschobenes Kinn – ich bin Harald.

Manchmal hüpfe ich auf der Bühne so hektisch zwischen den Figuren hin und her, dass ich ins Zittern und Stottern komme. Das hat schon Kritik provoziert: Ich würde mich über Tourettekranke lustig machen, hieß es. Blödsinn! Erstens würde ich nie auf Kosten von kranken Menschen Witze machen, das habe ich immer kategorisch abgelehnt, und zweitens hat mein Zappeln überhaupt nichts mit dem Tourettesyndrom zu tun. Das sind meine Kunstfiguren, die in mir rumoren und parallel an die Oberfläche drängen! Wäre der geniale Buchtitel »Wer bin ich – und wenn ja, wie viele?« nicht schon von dem Philosophen Richard David Precht erfunden worden, hätte er auch gut zu mir gepasst.

Meinen Zuschauern sind Anneliese, Hasan, Aslan, Harald und Mompfred über die Jahre sehr ans Herz gewachsen, sie erwarten, dass die Figuren in jeder Show vorkommen. Ich mag sie auch wirklich alle gleichermaßen – weil sie Archetypen sind, denen man in Abwandlungen im Alltag immer wieder begegnet. Bei mir sind sie natürlich stark überzeichnet, fast wie Comicfiguren, mit überspitzten Details und hohem Wiedererkennungswert.

Nehmen wir zum Beispiel Harald, den Ältesten in der Runde: Das ist ein deutscher Kleinbürger, bisschen langsam, bisschen trottelig, bisschen einsam, bisschen schrullig, aber im Grunde absolut liebenswert. Harald hieß auch der echte

Kleingartennachbar meines Vaters; er war aber lange nicht so naiv wie mein Harald. Dem Original-Harald dämmerte natürlich irgendwann, dass er die Inspiration zu dieser Figur war. »Du menscht aber net mich, oder?« »Heijo, doch«, antwortete ich. Er fand's cool und konnte darüber lachen. Zumal die beiden Haralds sich optisch nicht ähneln, nur im Tonfall und Habitus.

Zu Hasan muss man nicht viel sagen: Er ist ein türkisch- oder arabischstämmiger Möchte-gern-Macho – den sieht man nicht nur auf den Straßen von Mannheim, dem begegnet man überall. Er war früher viel aggressiver, trat mit Waffe im Hosenbund und einem imaginären Pitbull Terrier auf. Das mit der Waffe fand ich irgendwann unpassend. Und so wurde Hasan mit den Jahren ruhiger und stieg auf einen Kamm um. Er ist definitiv das Großmaul in der Runde, hält sich für einen begnadeten Liebhaber und Autofahrer, rappt gern über seine »Hallebadkap« und hat lange behauptet, er könne »Paranüsse knacke' mit de' Arschbacke'«. Diesen Running Gag hat er durchgezogen, bis die Leute anfingen bei den Liveshows haufenweise Nüsse auf die Bühne zu werfen. »Los, zeig es uns!« Irgendwann flogen sogar Kokosnüsse. Da hatten Hasan und ich ein Problem.

Zu Anneliese hat mich eine Mannheimer Verkäuferin inspiriert, die angestrengt versuchte, hochdeutsch zu sprechen, um vornehm zu wirken. Bei Anneliese ist alles mehr Schein als Sein. Sie möchte so gern Fremdwörter benutzen, weiß aber nicht hundertprozentig, wann und wie. Außerdem träumt sie vom Aufstieg in die High Society. Anneliese hatte eine Vorgängerin, die Bio-Gräfin, die nur von Wortspielen gelebt hat:

»Ich bin Soya von Weizenkeim und Brennnessel, einer der letzten Sprossen der von Tofu. Ich lebe in Dinkel in einem unbedenklichen Reformhaus mit einem nagelneuen kontrollierten Anbau.« Das habe ich im Wiener Dialekt gesprochen. Die Bio-Gräfin hatte auch schon dieses Quietschen, das ist mir mal aus Versehen rausgerutscht, als ich auf der Bühne pfeifend Luft geholt habe. Weil es direkt ein Lacher war, floss es sofort mit in den Charakter ein. Ich glaube, was die Leute an Anneliese so lieben, ist, dass sie zwar keine hochintelligente, aber eine sehr selbstbewusste Frau ist. Dargestellt von einem Mann, der ein Bärtchen im Gesicht trägt.

Im Gemüsehändler Aslan, in den ich mich mittlerweile nicht mehr oft verwandle, steckt im Grunde mein Vater. Nach Turans Tod 2012 verschwand Aslan für längere Zeit von der Bühne. Er war mir zu nah, zu privat; die Trauer um meinen Vater war noch zu frisch. Erst Jahre später habe ich Aslan wieder in ein Best-of-Programm aufgenommen. Seine Gags gehen gern ein bisschen um die Ecke, fast schon ins Kabarettistische. In großen Hallen hatte Aslan es daher immer schwer.

Ganz anders Mompfred, für den kann die Rampe gar nicht breit genug sein. Dass er im Kern ein Ludwigshafener Hausmeister ist, habe ich schon erzählt, von ihm stammt auch der legendäre Song »Mit de' Bum-, mit de' Bum-, mit de' Bumbewasserzong«. Meine Mompfred-Figur war ursprünglich sanfter, aber mit den Jahren wurde er mehr und mehr zum Wutbürger. Man könnte ihn fast für einen AfD-Wähler halten. Ein Nazi ist er nicht, aber er hat schon Gedankengut, das von rechts kommt. In einer meiner neusten Mompfred-Nummern

geht es darum, dass er jetzt als Aushilfslehrer im Deutsch-
und Integrationskurs für Flüchtlinge arbeitet. Das ist ziemlich krasser Humor. Anfangs will Mompfred den Flüchtlingen
nämlich richtig einen reindrücken, nach dem Motto: Euch
zeig ich mal, wie das hier in Deutschland läuft. Aber dann
lässt er sich auf den Unterricht ein und merkt selbst, wie
schwer die deutsche Sprache ist – vor allem die Groß- und
Kleinschreibung. Er gibt sich echt Mühe zu erklären, wie sich
dadurch die Bedeutung eines Satzes verschieben kann: »Isch
helfe kranken Vögeln. Oder: Isch helfe Kranken vögeln. Des
eene is ein Tierschützer – und des an'ere eher ein Pflegebe-
ruf.« Oder das Thema Betonungen: »Ein Klimaaktivist blockiert die Straße. Was tun? Man kann den entweder um*fahre'*
oder *um*fahre'. Beides macht Sinn.«

Irgendwann kommt Mompfred beim Grundgesetz an, Artikel 4. In seinen Worten klingt das so: »Man kann in Deutschland gla'be, was ma' will, an Gott, an Allah, an die Greta
oder an den Dieselmotor.« Ich will nicht zu viel verraten, aber
am Ende der Nummer wechselt Mompfred überraschender-
weise doch die Seiten. Für mich ist es immer wichtig, dass
auch die aggressivste Bühnenfigur einen gutmütigen Kern
hat. Mompfred sagt durchaus provokante Sachen. Manche
im Publikum rümpfen die Nase, andere würden es ihm vermutlich gern gleichtun, trauen sich aber nicht. Sie haben
Angst, dass ihre Äußerungen rassistisch klingen. (Weil sie
es vielleicht auch sind?!) Mit diesen inneren Ambivalenzen
spiele ich in der Figur des Mompfred. Das hat auf die Leute
oft eine sehr befreiende Wirkung – sie fühlen sich irgendwie
verstanden und abgeholt, werden aber im gleichen Atemzug

entlarvt und mit ihren eigenen Vorurteilen konfrontiert. Es ist ein Spiegel, den ich uns allen vorhalte.

Nicht alle Figuren haben eine solche politische Botschaft. Manche sind einfach nur albern. Der neuste Familienzuwachs heißt Thor. Er ist ein superstarker Superheld, aber im Kopf richtig »bleed«. Gegen Thor wirkt Harald wie ein Hochbegabter. Ich glaube, Thor – eigentlich heißt er »Fiktor« – ist die naivste Figur, die ich je erfunden habe. Als Kind hatte er keinen Babysitter, sondern einen »Thorhüter«. Sein Requisit ist ein Hammer, und wenn er lacht, brüllt er: »Hammer, Hammer!« Das Publikum liebt ihn; wenn er auftritt, räumt er regelmäßig ab. Auch wenn seine Pointen mehr Brechstange als Bonmots sind.

Ich wundere mich manchmal immer noch, wie man Menschen mit einfachsten Ausdrücken oder Wortspielen zum Lachen bringen kann. Zum Beispiel der Ausdruck »die Hoaar, die Hoaar, die Hoaar«: Das ist einerseits total naheliegend, andererseits total banal. Aber die Leute schmeißen sich auch nach Jahren immer noch weg. Humor hat oft diese ganz kindliche, unlogische Komponente. Das sieht man auch an Helge Schneider, der als Komiker und Musiker eine Legende für mich ist. Katzeklo, Katzeklo – zugleich hohe Kunst und schlichteste Kindersprache.

Auch in der Musikgeschichte haben sich oft die einfachsten Melodien, Textzeilen und Kompositionen durchgesetzt. Wobei ich mit »einfach« nicht meine: einfach herzustellen oder einfach nachzumachen. Es muss dir halt erst mal einfallen. Manche meiner langlebigsten Gags sind plötzlich da gewesen, aus der Improvisation heraus entstanden. Wenn

Hasan mit rollendem R erklärt: »Das frrustarriert mich« und dann durchkonjugiert: »ich frrrustariere, du frrrustarierst, wir werden frrrustariert haben«, war das immer ein Lacher. Aber Hasan mag es nicht, wenn er ausgelacht wird. Einmal hab ich deshalb noch den wütenden Satz hinterhergeschoben: »Wenn ihr nix Deutsch könnt, geht arrrbeiten!« Das machte gar keinen Sinn, aber die Leute sind verreckt.

Kunstfiguren – so beliebt sie im Augenblick sind – bergen dennoch für einen Komiker immer auch die Gefahr der Ermüdung. Vielleicht wird sich das Publikum irgendwann an ihnen sattgesehen haben, vielleicht passen sie eines Tages nicht mehr in die Zeit. Das Problem war mir schon Anfang der Nullerjahre bewusst. Was tun? Ich überlegte, wie ich mich auf der Bühne kontinuierlich weiterentwickeln könnte. 2001 nahm ich sogar mal kurz Unterricht an der Comedy-Schule von Thomas Hermanns in Köln. Dort sprachen wir damals viel über Hasan, Mompfred und Aslan – und über mich selbst. Wo war *ich* denn eigentlich zwischen all den Verkleidungen? Thomas Hermanns sagte dann einen wichtigen Satz zu mir: »Du musst ein Stand-up entwickeln als Bülent.« Denn ein Ensemble an Kunstfiguren, egal wie abwechslungsreich es aufgestellt ist, funktioniert selten langfristig. Es braucht eine Klammer, einen, der den ganzen Haufen zusammenhält, der allem die Seele einhaucht.

Der Rat leuchtete mir ein – aber die Umsetzung fiel mir anfangs schwer. In meinen Figuren, mit ihren verstellten Stimmen und ihrer veränderten Körperhaltung fühlte ich mich sicher. Ich konnte mich gut hinter Haralds Anorak oder

Annelieses Pelzmantel verstecken. Ich wusste auch gar nicht, was ich als Bülent auf der Bühne erzählen sollte. Außerdem: Was soll denn an Bülent witzig sein? Bülent ist halt einfach Bülent.

Zwar war ich mittlerweile privat deutlich selbstbewusster geworden und haderte auch schon lange nicht mehr mit meinem Aussehen. Doch wie sollte ich als privater Bülent vor mein Publikum treten? Zunächst ließ ich Bülent deshalb nur als Conferencier auftreten, er machte die kurzen Zwischenansagen. Das Feedback der Zuschauer war durchwachsen. »Als Bülent bist du gar nicht so witzig«, bekam ich oft zu hören. »Geh doch lieber modeln«, sagte sogar mal jemand nach einem Auftritt zu mir. Klingt wie ein Kompliment? War aber keins – im Gegenteil. Die Figuren mit ihren knalligen Pointen seien unterhaltsamer und überzeugender, fanden viele Fans. Manche meinten sogar, ich sollte mich nur noch auf Mompfred konzentrieren und zum grimmigen Dauerhausmeister werden. Doch das lehnte ich ab; lieber wollte ich vielfältig und wandelbar bleiben. Eine Wundertüte: Man greift rein und weiß nie, was man kriegt. Außerdem sah ich bei einigen Kolleginnen und Kollegen auch die Nachteile einer sehr dominanten Kunstfigur, die alles andere verdrängt und überformt. Ilka Bessin war wahnsinnig beliebt und erfolgreich als Cindy aus Marzahn, litt aber später auch an dem rosafarbenen Korsett der Figur. Sie hat das in ihrem berührenden Buch: »Abgeschminkt: Das Leben ist schön – Von einfach war nie die Rede« beschrieben.

Ich blieb bei meiner Entscheidung: Bülent war ab jetzt auch mit dabei auf der Bühne, bekam mehr Text, durfte auch mal was ausprobieren Auch wenn er seinen Ton und seine Rolle noch nicht so recht gefunden hatte.

Doch mit den Jahren änderte sich das. Wenn ich heute gefragt werde, welche meiner Figuren den meisten Zuspruch bekommt, dann kann ich mit Stolz antworten: Es ist nicht Anneliese, nicht Mompfred, nicht Hasan. Es ist Bülent. Nach und nach hat er sich seinen Platz zwischen den anderen Platzhirschen in meinem Programm erobert. Bülent ist mit der Zeit immer sichtbarer und immer lockerer geworden – und als Bülent kann ich mittlerweile am besten improvisieren. Er ist derjenige, der nicht nur laufend komisch sein muss, sondern auch mal ernste Worte über Rassismus oder Intoleranz an sein Publikum richten kann. Der Bühnen-Bülent, der weitgehend identisch ist mit dem privaten Bülent, scheut sich nicht, politisch Position zu beziehen. Während die Figuren durchaus mal provozieren oder flache Gags raushauen dürfen, erinnert Bülent in seinen Schlussworten immer daran, dass wir alle Menschen sind – und uns im Alltag stets so begegnen sollten. Offen, respektvoll und ohne Vorurteile.

Rückblickend bin ich überzeugt: Hätte ich mich vor vielen Jahren nicht getraut, endlich als *ich* auf die Bühne zu gehen – es wäre nie zu dem gekommen, was ich in den Jahren 2008 und 2009 erlebt habe. Trotzdem ist und bleibt es verrückt, wie schwer es war, mir selbst Raum auf der Bühne zu geben. Man könnte meinen, das sei die einfachste Sache der Welt. Ist es aber nicht.

© Alexander Grüber

⇧ Für mein Programm »Döner for One«, das 2002 in Mannheim Premiere hatte, haben wir schon richtig professionelle Pressefotos gemacht. Das Shooting fand im Wohnzimmer meiner Eltern statt – das heißt, das im Hintergrund ist kein Bühnenbild. Alles Original Waldhof-Mannheim.

⇩ Der junge Hasan in Aktion! Was mir sofort auffällt: Mein Haaransatz ist offenbar über die Jahre immer weiter nach hinten gewandert – jedenfalls war meine Stirn damals noch nicht so hoch wie heute. Ach! Und ich hatte ein richtig breites Kreuz!

© Bereitgestellt von S-Promotion Event GmbH, Fotograf unbekannt

⇧ Meine erste Frauenfigur vor Anneliese war die Bio-Gräfin. Sie trug eine Federboa und sprach mit Wiener Dialekt. Aber so richtig funktioniert hat diese Figur noch nicht. Zu jung, zu schön … Heute ist Anneliese ein echter Charakterkopf – und natürlich eine waschechte Mannheimerin!

⇩ Meine Eltern, vermutlich während eines Sommerurlaubs in der Türkei. Sie sehen ziemlich glücklich aus, oder?

© privat

10 Von Schubladen und Sprungbrettern

Bereit für einen Zeitsprung in den Herbst 2008? Beamen wir uns zurück in das Jahr, als Instagram noch lange nicht erfunden ist, es den Beruf YouTuber in Deutschland noch nicht gibt, aber die ersten Leute plötzlich mit diesen teuren iPhones mit Wisch-Oberfläche rumlaufen. Als die Söhne Mannheims mit »Das hat die Welt noch nicht gesehen« an der Spitze der Charts stehen, die Finanzkrise die Nachrichten beherrscht und der Kosovo gerade seine Unabhängigkeit von Serbien erklärt hat. Als Angela Merkel schon (oder erst?) drei Jahre lang Kanzlerin ist, in China die Olympischen Sommerspiele stattfinden und Iron Maiden beim Open-Air-Festival in Wacken auftritt. Als in den USA mit Barack Obama zum ersten Mal ein Schwarzer Präsident werden will und die Bundesrepublik Deutschland einen politisch umstrittenen Einbürgerungstest für alle einführt, die die deutsche Staatsbürgerschaft beantragen wollen …

Okay, reicht jetzt auch. 2008 halt. September.

»Du kommst nachher die Treppe runter und stellst dich hier hin.«

»Ja.«

»Wenn deine Nummer zu Ende ist, gehst du hier ab von der Bühne.«

»Alles klar.«

»Und ganz wichtig: *Nicht* den Schreibtisch anfassen! Da ist der Chef eigen.«

»Verstanden.«

»Super. Dann bis später. Viel Glück.«

Bevor ich zurück in meine Garderobe gehe, blicke ich mich noch einen Moment lang nervös und aufgeregt in dem fremden Fernsehstudio um. Meine erste Einladung zu *TV Total*! Ich werde heute in Stefan Raabs legendärer Late-Night-Show zu sehen sein! Seine Quoten sind großartig, sein Publikum jung und übermütig. Regelmäßig gibt Raab unbekannten Newcomern wie mir die Chance, mit einer kurzen Comedy-Einlage vor einem Millionenfernsehpublikum aufzutreten. Leicht ist es nicht, die eingefleischten Raab-Fans zu beeindrucken. Für manchen Nachwuchs-Comedian gab's nur müden Applaus. Ob ich die Zuschauer nachher im Kölner Studio zum Toben bringen kann?

Es ist nicht meine erste Einladung ins Fernsehen. Ich war schon beim Kleinkunstfestival auf 3sat zu sehen, auch im WDR, NDR, SWR hatte ich Gastauftritte. Man engagiert mich am liebsten für nächtliche Kabarettsendungen oder für öffentlich-rechtliche Talkrunden, bei denen ich das auflockernde Zwischennümmerchen bin. Der Applaus ist stets da, die Lacher kommen an den richtigen Stellen. Aber meinen Namen haben sich viele Menschen trotzdem noch nicht gemerkt.

Die *TV Total*-Bühnenprobe habe ich hinter mir, jetzt sind es noch ein paar Stunden bis zur Sendung. In meinem Kopf rattert es: Den Tisch nicht anfassen. Den Tisch nicht anfassen. Den Tisch … anfassen? Irgendwie lässt mich der Satz nicht los.

Im Privatfernsehen war ich bisher kaum zu sehen. 2002 hat mich Rudi Carrell einmal zu *7 Tage, 7 Köpfe* eingeladen, dem RTL-Wochenrückblick mit Jochen Busse, Mike Krüger, Gabi Köster und anderen. Auch da gab es vor der Aufzeichnung einen Probedurchlauf, bei dem alle ihre Texte vorlesen mussten. Ich knallte meine Gags über Deutsche, Türken und was sonst so los ist in der Welt in schönstem Kurpfälzer Dialekt raus. Rudi Carrell hört sich das zunächst geduldig an. Doch als ich fertig war, blickte er skeptisch in die Runde. Mit seinem typischen, stark holländischen Akzent fragte er: »Sagt mal, versteht man das überhaupt?«

Fast wäre der Lokalpatriot in mir hochgekommen. Monnemarisch muss ma' doch verstehe! Aber ich war jung und brauchte das Geld (beziehungsweise: ich hatte großen Respekt vor Altmeister Carrell) – deshalb hielt ich lieber meine Gosch. Jochen Busse und die anderen sprangen mir sofort bei: »Doch, doch, das versteht man, das wird gut!« »Einverstanden«, sagte Carrell, »dann machen wir es so.«

Der Auftritt damals bei RTL war bereits ein Schritt in eine größere Öffentlichkeit, aber ist leider schon wieder viel zu lange her. Der Abend heute, bei Stefan Raab, bedeutet mir deshalb umso mehr. Es muss einfach gut laufen! Sonst könnte meine erste zugleich auch meine letzte Einladung sein, so viel ist klar.

Den Tisch anfassen, den Tisch nicht anfassen, den Tisch an… Wie schaffe ich es bloß, innerhalb weniger Minuten beim Publikum im Gedächtnis zu bleiben?

Im Juni dieses Jahres habe ich zum ersten Mal nähere Bekanntschaft mit dem ProSieben-Kosmos gemacht: Ich durfte mit einer Handvoll anderer Komiker an der *TV Total Autoball-Europameisterschaft 2008* teilnehmen; wobei ich, der Comedian mit dem türkischen Namen, natürlich die Türkei vertreten habe. Immer zwei Teilnehmer mussten mit ihren Autos einen riesigen Ball übers Spielfeld schubsen. Voll kranke Nummer. Wer gewann, kam weiter, wer verlor, schied aus. Der Supertürk brach alle Rekorde – nur leider nicht beim Toreschießen. Sondern weil ich in drei Minuten drei Autos geschrottet hatte. (Mein Fahrstil war vielleicht doch eine Spur zu aggressiv.)

Trotzdem mache ich zurzeit so ziemlich alles, was an Fernsehanfragen bei meinem Management landet. Im Oktober werde ich am *TV Total Turmspringen* teilnehmen – obwohl ich nicht mal schwindelfrei bin. Im Gegenteil, ich werde mir vor Höhenangst wahrscheinlich in die Badehose pinkeln. Was soll's, da muss ich durch. Furcht überwinden, Bedenken beiseiteschieben und Blamagen aushalten, lautet meine Devise. Zwar habe ich immer noch die Ängstlichkeit in den Knochen, die mir Hilde vererbt hat, aber ich will sie unbedingt überwinden. Ich muss, wenn ich entdeckt werden will. Auch dafür sind mir solche körperlichen Herausforderungen recht.

Außerdem gilt: Wer in den Nullerjahren mit Comedy bekannt werden will, ist auf Fernsehauftritte aller Art angewiesen. Das Internet ist zwar kein Neuland mehr für uns, aber ein Karriere-Booster ist es auch nicht. Seit einiger Zeit stellen Musiker und Künstler ihre Profile bei myspace rein und treten dort auch mit Fans in Kontakt, aber das war es schon. Oder fast, denn neuerdings sind die Ersten bei diesem amerikanischen Netzwerk namens Facebook unterwegs, gucken sich dort die Familien- und Urlaubsfotos ihrer Nachbarn an. Daumen hoch, I like! Ich halte mich bisher fern von diesen Seiten, was soll ich da? Ich will auf der Bühne stehen, Live-Auftritte sind mein Lebenselexier. (Dass in Kürze eine gewaltige Social-Media-Revolution – das Zeitalter der Selfmade-Stars und Influencer – anbricht, kann ich mir nicht mal in meinen kühnsten Träumen vorstellen.)

Ich sehe nur eine Möglichkeit, meine Bekanntheit zu steigern und meine »Reichweiten« zu vergrößern: Indem ich es schaffe, dass regelmäßig TV-Kameras auf mich gerichtet sind. Und indem ich die Leute bei der Stange halte – das heißt, möglichst kein massenhaftes Wegschalten, während ich über den Bildschirm flimmere. Nur wer Quote verspricht, wird gebucht und bekommt die Chance, eine kleine Kostprobe des eigenen Bühnenprogramms im Fernsehen zeigen zu dürfen.

So wie ich heute Abend bei Stefan Raab.

Zehn Jahre lang schon, seit 1998, bin ich jetzt hauptberuflich Komiker und toure durch Deutschland. Wobei »tingeln« der passendere Begriff wäre. Ich habe mich tapfer hochgearbeitet, von den kleinsten zu den größeren Kleinkunstbühnen. In Mannheim und Umgebung ist meine Fan-Base am größten, hier schaffe ich es auch schon, Hallen zu füllen. In anderen Regionen Deutschlands bin ich froh, wenn ich 100 Tickets verkaufe. In den vergangenen Jahren kam es aber auch vor, dass ich abends nur vor 20, 30 Gästen stand. »Soll ich mein Programm spielen, oder gucken wir uns zusammen die DVD mit der Aufzeichnung an?«, habe ich dann ironisch ins Publikum gefragt. Das erzeugt wenigstens sofort einen Lacher. Oft versuche ich, die Leute außerdem zu animieren, dass sie näher zusammenrücken, damit wenigstens ein bisschen Stimmung im Saal aufkommt. Comedy hat viel mit Energie zu tun; halbleere Theater kriegt man nicht zum Beben. Deshalb locke ich, so gut ich kann: »Hier vorne ist noch so viel frei, kommen Sie doch näher!«

Doch wenn der Deutsche eine Platzkarte hat, dann hat der Deutsche eine Platzkarte.

Die Veranstalter sind im Großen und Ganzen nicht unzufrieden mit meinen Zuschauerzahlen, würden aber gern noch höher hinaus. Andere Comedians spielen schon vor Tausenden Zuschauern; seit einigen Jahren boomt in Deutschland das Geschäft mit den Liveshows. Auch von mir wird erwartet, dass ich mein Publikum mitbringe, dass ich Leute »ziehe«. Wie ich das anstelle, bleibt mir überlassen. Ich spüre den Druck. Denn zu viele freie Plätze kann sich in der privatwirtschaftlich organisierten Comedy-Szene niemand leisten. Wer ein oder zwei Jahre lang nicht die erhofften Ticketverkäufe erreicht, muss bangen, ob er in der nächsten Saison überhaupt noch mal für den jeweiligen Veranstaltungsort gebucht wird.

Manche der Veranstalter, das muss ich fairerweise dazusagen, glauben fest an mich. Trotz gemeinsam durchlittener magerer Zeiten. »Es muss sich erst rumsprechen«, sagen sie, »vertrau auf die Mundpropaganda.« Diese Veranstalter sind es auch, die meinen Namen bei größeren Live-Spektakeln ins Spiel bringen. »Den solltet ihr mal einladen, der ist gut!« Leider bin ich medial kaum sichtbar – und damit eine unsichere Bank für Festivalorganisatoren. Mein Name auf einem Plakat garantiert noch lange keinen Zuschaueransturm.

»Du bräuchtest halt mehr Fernsehpräsenz!« Das kriege ich von allen Seiten zu hören.

Leichter gesagt als getan. Den dritten Programmen sind meine Stand-up-Nummern oft nicht politisch-kabarettistisch genug; ich gehöre mit meinen Figuren mehr in die komödiantische Ecke. Eigentlich passe ich gut ins Privatfernsehen, das seit der Jahrtausendwende mit vielen Comedy-Formaten experimentiert. Doch es gibt ein Problem: Die »Türken-Schublade« ist schon besetzt. Von einem anderen Komiker mit türkischen Wurzeln. Und er ist ziemlich erfolgreich. Seine Name ist: Kaya Yanar.

Kaya ist, wie ich, in einem deutschsprachigen Haushalt aufgewachsen, hat ebenfalls Abitur gemacht und, noch eine Parallele, Philosophie studiert. Zwar sind wir fast gleich alt und haben unsere Komikerlaufbahn gleichzeitig begonnen, aber Kaya war in allem deutlich schneller als ich. Er ist nicht nur witzig und vielseitig – er hat auch zum richtigen Zeitpunkt die richtigen Leute getroffen. Thomas Hermanns, der Gründer des *Quatsch Comedy Clubs*, hat ihn früh gefördert. Seit 2001 hat Kaya mit *Was guckst' du?!* seine eigene Show bei Sat1. Ganz Deutschland kennt ihn. Obwohl wir bisher die einzigen »Quoten(halb)türken« im Comedy-Business sind, sind wir uns lange nicht persönlich begegnet. Als wir uns endlich kennengelernt haben, mochten wir uns auf Anhieb.

Doch unsere gegenseitige Sympathie ändert nichts daran, dass ich seit Jahren wegen ihm oft Absagen kassiert habe. Wenn ich mich bei Shows oder Festivals bewerbe, kommt häufig der Satz: »Wir haben schon einen Türken im Programm.« Zwei werden nicht gebraucht. Verstehe ich nicht: Warum sollte auf deutschen Bühnen nur Platz für *einen* Komiker mit Migrationshintergrund sein?

Sind wir uns zu ähnlich? Kayas Name ist türkisch, mein Name ist türkisch. Er nutzt Figuren und verkleidet sich, ich ebenfalls. Aber uns trennt auch einiges. Ich bin Monnemer. Und: Ich bin Rock 'n' Roller. Diese beiden Dinge machen den Kern meiner Bühnenidentität aus. Das sind Bülent Ceylans Alleinstellungsmerkmale. Vielleicht sollte ich mich darauf noch mehr konzentrieren.

Über solche Dinge denke ich viel nach.

Ich bin jetzt 32 Jahre alt. Seit einigen Jahren bin ich verheiratet und vor kurzem zum ersten Mal Vater geworden. Meine Tochter bedeutet mir alles! Wie ein helles Licht hat sie das Glück in mein Leben gebracht. Seitdem geht alles besser, leichter. Schon immer war die Familie, waren Kinder der Sinn des Lebens für mich. Nun ist da ein kleiner Mensch, der »Papa« zu mir sagt, der mich braucht und mich ebenso bedingungslos liebt wie ich ihn. Ich spüre aber auch die große Verantwortung, die mit der Elternschaft einhergeht. Eine Angst, die alle Mütter und Väter kennen. Ich will, dass meine Tochter unbesorgt aufwachsen kann. Diese Gefühle überwältigen mich manchmal regelrecht, haben meinem Dasein aber auch eine neue Tiefe gegeben.

Auch auf der Bühne hat diese private Veränderung etwas mit mir gemacht. Mein Ehrgeiz ist – wenn das überhaupt geht – noch größer geworden. Den Durchbruch habe ich zwar noch nicht geschafft, aber ich bin auf dem Weg. Das spüre ich. Mein Sternzeichen ist der Steinbock, und tatsächlich bin ich stur und zielstrebig. Mein Totemtier ist die Schildkröte: Ich brauche mehr Zeit als andere, bis ich am Ziel ankomme. Und es hat auch sein Gutes, dass der Weg bis hierher so weit war. In meinem Kopf hat sich unterwegs nämlich viel Material angesammelt. Jetzt gehen mir nie die Stoffe und Ideen aus.

Irgendeine Überraschung für den *TV Total*-Auftritt heute Abend wird mir auch noch einfallen.

Mir ist klar, dass ich etwas riskieren muss. Fünf Minuten hat mir die Raab-Redaktion zugesprochen, das übliche Zeitfenster für solche Auftritte. Ich kann damit etwas erreichen, das weiß ich. Was, wenn ich nicht mit Text, sondern mit Musik einsteige? Zu einem lauten Metal-Song die Treppe runterkomme und erstmal ausgiebig – headbange? Damit rechnet niemand. Dann: harter Schnitt, Musik aus, Haare seelenruhig zusammenbinden, an die Bühnenrampe treten.

»Hallo, ich bin der Bülent.«

Das könnte der erste Lacher sein.

Billy nenne ich mich schon lange nicht mehr. Bereits kurz nach dem Abitur klang der geliehene Name auf einmal falsch in meinen Ohren, so kindlich-niedlich. Bülent ist besser. Erwachsener, authentischer. Sollen sich die Leute halt an meinen türkischen Vor- und Nachnamen gewöhnen. Was ich dagegen aus meiner Jugend herübergerettet habe, ist die Bezeichnung »Türk«. Aus dem Schmähwort vom Schulhof habe ich eine ironische Selbstbeschreibung gemacht. Ich bin »der Türk aus Monnem«, der »Kanake aus der Kurpfalz«.

Alla, dann beginne ich bei *TV Total* halt mit Musik und Haaren. Mein Entschluss steht. Danach die Stand-up-Nummer. Anschließend hoffentlich Applaus. Und zum Schluss? Einfach verschwinden?

Langweilig.

Der Schreibtisch … Der Schreibtisch …

Zwei Stunden später, hinter der Bühne. Stefan Raab kommt auf mich zu. Forschend blicke ich ihm ins Gesicht. Sauer sieht er nicht aus, zum Glück. »War super«, lobt er und lacht. Mir fällt ein Stein vom Herz. Erleichtert grinse ich zurück. Dass ich nach meinem Auftritt rüber zu seinem Schreibtisch – dem *heiligen* Schreibtisch! – gegangen bin, mit einem Sprung darauf gehüpft und dann einen Bauchtanz direkt vor Raabs Gesicht hingelegt habe: Das hat den Auftritt einmalig gemacht. Das Studiopublikum hat getobt.

Wir plaudern noch ein bisschen. Warum denn bislang so wenig von mir zu sehen gewesen sei, fragt Stefan. »Ich war eher bei den Öffentlich-Rechtlichen, in den dritten Programmen«, erkläre ich verlegen, ohne mein »Türken-Schubladen«-dilemma näher auszuführen. »Das wird sich jetzt ändern«, sagt er. »Wir laden dich auf jeden Fall wieder ein.« »Wirklich? Das freut mich!« (Er hält übrigens Wort: Weitere drei Mal werde ich allein in den kommenden Monaten bei *TV Total* zu Gast sein.)

Doch noch ist er nicht vorbei, dieser denkwürdige Herbst 2008.

Beim *TV Total*-Turmspringen im Oktober, moderiert von Oliver Welke, Sonya Kraus und Matthias Opdenhövel, kennt zu Beginn der Sendung hinter den Kulissen kaum jemand meinen Namen. Ich schaffe es trotzdem unglaublicherweise auf Anhieb ins Finale und springe aus 7,5 Meter Höhe mit einem Handstandsalto in die Tiefe. Beim Üben mit dem Trainer habe ich mehrmals Bauch- und Rückenklatscher hingelegt, einmal bin ich voll mit dem Kopf auf der Wasseroberfläche aufgekommen. Diagnose: leichte Gehirnerschütterung. Schwindelanfälle und höllische Rückenschmerzen sind die Folge. Aber – das ist es mir absolut wert. Hauptsache, ich habe im Fernsehen nicht versagt.

Die Schmerzen begleiten mich einige Wochen, aber ich bin optimistisch, dass es mir bis November wieder besser geht. Denn da steht schon mein nächster Drehtermin im Kalender. Im bayerischen Füssen wird die TV-Gala *Quatsch goes Christmas – Die große Comedy-Wintershow* für ProSieben aufgezeichnet. Ich kenne das Team vom *Quatsch Comedy Club* seit vielen Jahren, war auch schon mehrfach zu Gast in den Live-Clubs in Berlin und Hamburg. Trotzdem habe ich keine richtige Einladung nach Füssen bekommen. Ich darf zwar an der Show teilnehmen, soll aber bloß ein Dance Battle gegen Conferencier und Gastgeber Thomas Hermanns bestreiten. Ein Auftritt fast ohne Text. Kein eigener Stand-up. Der ist den Big Names, den bekannteren Komikerinnen und Komikern, vorbehalten. Natürlich steht auch Kaya Yanar auf der Liste.

Wieder einmal fühle ich mich wie ein Ersatzspieler. Geparkt am Spielfeldrand. So lange schon warte ich auf die Chance, endlich zeigen zu dürfen, was ich draufhabe. Aber nicht nur in Schrottautos auf einem Fußballfeld, nicht nur auf Sprungbrettern im Schwimmbad, nicht nur tanzend und Haare schüttelnd. Ich bin ein Komiker – und gar keine schlechter! Warum nimmt das niemand richtig wahr?

Anfang November, immer noch leicht lädiert vom Turmspringen, bin ich hin- und hergerissen. Soll ich die Tanzeinlage vielleicht absagen? Einerseits ist *ein* weiterer Auftritt im Fernsehen in diesem Jahr immer besser als *kein* weiterer Auftritt. Und vielleicht kann ich auch stumm tanzend irgendeinen Eindruck hinterlassen. Andererseits bringen mich solche sportlichen Intermezzi beruflich nicht wirklich weiter. Immerhin, damit tröste ich mich, wird die Aufzeichnung in Bayern vor einem riesigen Livepublikum stattfinden – 1500 Menschen! Ich will auch wirklich nicht undankbar wirken. Das *Quatsch Comedy Club*-Team ist unglaublich nett und kollegial, ich kann froh sein, dass ich überhaupt engagiert wurde. Nicht zu vergessen die Gage, die wie üblich beim Fernsehen ganz ordentlich ist. Ich kann jeden Cent davon gut gebrauchen.

Natürlich sage ich das Dance Battle letztlich zu. Und meine leise Enttäuschung drücke ich weg.

Am Tag vor der Show sitze ich im Büro meines Managements, als das Telefon klingelt. Die Leute vom *Quatsch Comedy Club* sind dran. Kleine Planänderung: Kaya sei krank geworden und habe kurzfristig absagen müssen. Ob ich vielleicht zusätzlich zum Tanz auch noch spontan eine Stand-up-Nummer machen könnte? Das sei zwar jetzt eine sehr kurzfristige Anfrage, aber vielleicht hätte ich was im Repertoire, das sich für eine Weihnachtsshow eigne …

Mir bleibt fast das Herz stehen. Dann flippe ich innerlich aus: »Klar! Mach ich!«

Ganz ehrlich? Ich hätte es auch gemacht, wenn sie mich zwei Minuten vorher gefragt hätten. Aber das sage ich natürlich nicht.

24 Stunden später stehe ich hinter der Bühne und höre Thomas Hermanns sagen: »Wir kommen zu meinem nächsten Gast – und er ist eigentlich so multikulturell, ich glaub, der trinkt am Ballermann eine Mischung aus Bier, Raki und Ebbelwoi. Bitte begrüßen Sie aus Mannheim: Bülent Ceylan!«

Sekunden später sprinte ich zu lauten Gitarrenriffs auf die Bühne und schreie mit überschlagender Stimme: »FÜSSEN! WEIHNACHTSMANN! O TANNEBAUM! ICH LIEBE EUCH!«

Falls jemand im Saal gerade am Einnicken war, ist er jetzt wieder wach.

Ich binde meine Haare zusammen und gucke in Hunderte überraschter Gesichter. Wer ist denn das?, scheinen sie zu sagen. Ich äffe die ratlosen Gesichtsausdrücke nach. Lacher.

»Hascht jetzt gedacht: Türke, Moslem, Bombe'-Stimmung?«

Wieder Lacher.

»Ne, is okay, ich versteh schon, dass manche Zuschauer denke': Was soll des? Ich kann's Ihne' verrate': Mein Regisseur hat gesagt, ich soll so anfange. Denn die Deutschen wolle' den Türk' gleich am Anfang schwitze sehe. Der soll verrecke – isch hab schließlich bezahlt.«

Wieder Lacher, jetzt schon richtig laut.

Meine Aufregung, meine Anspannung, meine Angst, alles ist verflogen. Ich merke, wie die gute Laune des Publikums mich anhebt und schweben lässt.

»Schee', dass ihr do seid! Geil!«

Szenenapplaus. Ab jetzt ist es nicht mehr schwer.

»Ich komm aus Monnem.«

Pause.

»Ma' hört's ja net so raus vom Dialekt.«

Lacher. Ich setze noch einen drauf.

»Mannheimer Dialekt ist an sich Ethnocomedy genug, da brauscht keen Türk.«

Lacher.

»Ich mach mal ein Beispiel: Möööö. Das ist deutsch.«

Lacher.

»Doch! Das heißt: Guck e mol do!«

Lacher.

»Wenn euch das gefällt, mach ich noch einen. Hadugaka. Ist auch deutsch. Heißt: Habe Stuhlgang gehabt.«

Lacher.

»Soweit is es kumme', dass ein Türk auf die Bühne muss, um euch einen deutschen Dialekt beizubringe'! INTEGRATION!«

Szenenapplaus.

Ich rede über meine Eltern, über Deutsche und Türken, über Weihnachten. Die Lacher reißen nicht mehr ab. Ich bin wie entfesselt. Stundenlang könnte ich so weitermachen. Kurz steige ich aus meiner Rolle aus und rufe: »Voll Rock 'n' Roll, des macht so Spaß heute! Habt ihr gemerkt, ich hab mehr Spaß als ihr!« Und das meine ich wörtlich. Ich bin in meinem Element.

Der große Saal liebt mich. Und ich liebe den großen Saal!

Aufgetreten. Abgeräumt. So kann man ohne jede Übertreibung beschreiben, was in den 360 Sekunden, die mein Stand-up insgesamt dauert, in Füssen passiert.

Hennes Bender, ein toller Kollege aus dem Ruhrgebiet, kommt anschließend zu mir und bringt es auf den Punkt: »Bülent, das war dieser eine magische Moment, dieser eine entscheidende Augenblick.«

Die Aufzeichnung ist ein großes Ereignis in der deutschen Comedy-Branche, viele Fernsehleute, Kollegen und Agenten sind vor Ort. Hinter der Bühne reißt das Lob nicht ab, ich bin *die* Überraschung des Abends.

Es fühlt sich an, als wäre ich zum ersten Mal von der Ersatzbank ins Spiel hineingeholt worden – und hätte gleich vier Tore geschossen.

Der Knoten ist geplatzt. Endlich.

11 Das Jahr, das alles veränderte

2009 fing genauso gut an, wie 2008 aufgehört hatte. (Und das meine ich nicht nur in Bezug auf die amerikanischen Präsidentschaftswahlen, bei der es Obama mit *Yes, we can* gelang, Geschichte zu schreiben.) Auch für mich ging es nach Füssen Knall auf Fall weiter mit den vielversprechenden Neuigkeiten. Durch Stefan Raab war ein Kontakt zu der Produktionsfirma Brainpool entstanden – und die waren nach meinen TV-Auftritten im Herbst neugierig auf mich geworden. Jörg Grabosch, damals noch Brainpool-Geschäftsführer, kam tatsächlich gleich vorbei, um sich eine Show in Hockenheim anzusehen. Rund 500 Zuschauer saßen im Saal, die Stimmung war super. Kurze Zeit später trat ich in Köln auf, Grabosch war wieder da, aber diesmal blieben etliche Plätze leer. Nach dem Auftritt – ich machte wie immer eine ausführliche Autogrammstunde – umringten mich vor allem Frauen, um mit mir zu reden und ein gemeinsames Erinnerungsfoto zu machen. Das beeindruckte Grabosch weit mehr als die (eher mageren) Ticketverkäufe. Jahre später hat er mir gesagt, er hätte genau in diesem Moment mein »Popstar-Potenzial« gesehen. (Seine Worte, nicht meine!)

Brainpool war jedenfalls Anfang 2009 auf einmal der Meinung, ich gehöre auf die ganz großen Bühnen. Und plötzlich klopfte auch RTL wieder bei mir an. Einige Programmverantwortliche hatte ich schon im Jahr zuvor kennengelernt; sie kamen im September 2008 sogar zu einem Auftritt ins Mannheimer Capitol, um zu sehen, ob meine Show sich für eine Aufzeichnung und eine nächtliche TV-Ausstrahlung eigne. Das Capitol ist ein toller alter Kinopalast aus den 1920er Jahren mit Portal und Kuppel, ein unglaublich eindrucksvoller Raum. Lange diente er als Kinosaal und Musikclub, dann sollte er in den 1990er Jahre aber zu einem Supermarkt umgebaut werden. Eine engagierte Gruppe von Mannheimern wusste das zum Glück zu verhindern. Stattdessen wurde das Capitol liebevoll restauriert und in ein privates Kulturzentrum und Konzerthaus umgewandelt. 2012 half ich mit zwei Benefizabenden das Grundkapital für eine Stiftung aufzubauen, die bis heute Träger des Zentrums ist. Ich selbst bin dort sehr oft aufgetreten – und werde es hoffentlich nach Corona wieder tun!

Im September 2008 war meine Show im Capitol ausverkauft, knapp 700 Fans waren gekommen. Ich hatte das Gefühl, dass der Abend ein voller Erfolg gewesen war. Anschließend hinter der Bühne guckten die Leute von RTL dennoch skeptisch. Da war sie wieder, die Frage von Rudi Carrell: »Versteht man das überhaupt?« Die Kölner hatten offensichtlich ziemliche Schwierigkeiten gehabt, meinen Geschichten zu folgen. Kein Wunder: In der Heimat geht mein Dialekt

immer richtig mit mir durch. Die Mannheimer hatten es gefeiert; bei den Kölnern hingegen war die Verwunderung groß,
warum um sie herum der Saal so getobt hatte. Ich versuchte
die Fernsehleute dennoch zu überzeugen: »Ich kann den Dialekt auch ein bisschen zurücknehmen, wirklich!« Es blieb bei
einer Absage. Meine Enttäuschung war groß.

Nach meinem Auftritt in Füssen im November 2008 sah
die Situation aber plötzlich anders aus. Jetzt hatte RTL doch
wieder Interesse. Ein unglaublich verlockendes Angebot für
mich, denn durch die Ausstrahlung eines zweistündigen
Live-Programms im Fernsehen kann man als Komiker mit
einem Schlag Millionen Menschen erreichen. Wir begannen
mit den Vorgesprächen. Ich dachte an einen schönen Veran-
staltungsraum in Mannheim oder Umgebung. In Ludwigshafen würde ich Anfang 2009 erstmals vor knapp 3000 Leuten
spielen, mein absoluter Publikumsrekord bisher. Hundert
Kilometer weiter kannte mich dagegen immer noch kaum
jemand, da trat ich, wenn's gut lief, vor 150 Leuten auf. Bekannt war ich nur innerhalb eines kleinen Radius, darüber
machte ich mir keinerlei Illusionen.

Zu dem Auftritt in Ludwigshafen kamen die Fernsehleute
wieder angereist. Wie üblich bei meinen »Heimspielen« drehte
das Publikum richtig durch. Perfekt, dachte ich.

Doch RTL war anderer Meinung. Der Sender fand, es
müsse für die Aufzeichnung alles noch eine Nummer größer
werden.

Ich verstand nicht. Mehr als 3000 Menschen? Ich hatte in
Ludwigshafen an meinem absoluten Limit gekratzt. Wie und
wo sollte ich noch mehr Fans aktivieren?

»Wir dachten an die SAP Arena.«

Ich glaubte, mich verhört zu haben. Die SAP Arena in Mannheim? Da traten Bands wie Police, Kiss oder The Eagles, Weltstars wie Bruce Springsteen und Tina Turner auf. Und – in die SAP Arena passen über 10 000 Leute rein.

»Meinst du, du kriegst die voll?«

Es war Februar 2009, als wir diese Gespräche führten. Ende Mai sollte die Aufzeichnung stattfinden. In drei Monaten eine Arena füllen – ohne bundesweite Bekanntheit, ohne nennenswerte Fernsehpräsenz in diesem Zeitraum und (wir erinnern uns) ohne die heute übliche Selbstvermarktung über Social-Media-Kanäle? Wie sollte das bitte gehen?

Aber dem Fernsehsender abzusagen, kam auch nicht infrage. Seit einem Jahrzehnt wartete ich auf eine Chance wie diese. Jetzt *musste* ich sie ergreifen. Auch wenn die SAP Arena eindeutig drei Kragenweiten zu groß für mich war.

Ich hatte noch zwölf Wochen Zeit – und beschloss, einfach das fortzusetzen, was ich am besten konnte und in den letzten Jahren perfektioniert hatte. Genau: rumtingeln. Ich absolvierte Dutzende Auftritte in der Region, oft an fünf bis sechs Abenden pro Woche. Überall erzählte ich von meiner ersten abendfüllenden TV-Aufzeichnung. Und überall bat ich das Publikum, mich zu unterstützen und im Mai nach Mannheim zu kommen. Ein Mainzer Zuschauer, daran erinnere ich mich genau, kam an einem dieser Abende nach der Show zu mir, klopfte mir halb wohlwollend, halb mitleidig auf die Schulter und sagte: »SAP kriegst du nicht voll. Aber egal, ich komm trotzdem.«

Was er nicht wusste und ich kaum zu hoffen gewagt hatte:

Auf den Zusammenhalt und den Lokalstolz der Mannheimer, Ludwigshafener, Heidelberger, Bensheimer, Dossenheimer, Bad Dürkheimer, Frankenthaler, Gau-Bickelheimer, Heppenheimer, Hockenheimer, Karlsruher, Lützelsachsener, Mainzer, Mutterstadter, Neustadter, Rimbacher, Schwetzinger, Viernheimer, Weinheimer, Wald-Michelbacher usw. usw. war Verlass. Denn in diesem Frühling 2009 geschah das Unfassbare: Alle zehntausend Tickets für die Arena waren bis Mitte Mai ausverkauft. Es war unglaublich! Die Show lief entsprechend toll, es gab Standing Ovations – Gänsehautmoment!

Anschließend lagen wir uns hinter der Bühne in den Armen. Alle flennten um die Wette: Mama, Papa, meine Geschwister, Ali und die anderen aus meinem Team.

Apropos. Habe ich jetzt wirklich schon 149 Seiten dieses Buchs vollgeschrieben, ohne von meinem Team zu erzählen? Dann wird es höchste Zeit, das nachzuholen. Seit Herbst 2008 war das Grüppchen, das mich treu von Auftritt zu Auftritt begleitete oder im Hintergrund bei der Organisation half, stetig größer geworden. Einige von ihnen sind heute noch an meiner Seite. Namentlich erwähnen will ich jetzt zumindest mal mein Management: Dirk aus dem Odenwald, mein langjähriger Steuerberater und mittlerweile auch Manager, ist der, der immer Ruhe bewahrt, sachlich bleibt und bei Konflikten gut schlichten kann. Caroline stieß 2009 zu uns, um bei Pressearbeit und Organisation zu helfen, mittlerweile ist sie ebenfalls meine Managerin. Sie kann sehr gut kommunizieren und hält den Laden mit ihrer empathischen, verbindlichen Art zusammen. Alle anderen jetzt hier aufzuzählen, das würde zu weit führen, außerdem hätte ich Sorge, doch irgendwen zu vergessen (ist mir auf der Bühne schon mal passiert und war mir dann sehr unangenehm, weil ich alle aus meinem Team extrem wertschätze). Manche kamen und blieben, andere waren in den Anfangsjahren lange dabei, machen aber heute beruflich etwas anderes. Wieder andere sind erst in letzter Zeit neu dazugekommen. Und sie alle sind für mich wichtig! Denn ohne mein Team wäre ich nicht da, wo ich heute bin – weil jede und jeder Einzelne hervorragende Arbeit macht oder gemacht hat. Das weiß ich, und das vergesse ich nie! Mit einigen verbinden mich tiefe Freundschaften, auch wenn sie in diesem Buch nicht oder nur am Rande erwähnt werden. (Leute, das nehmt ihr mir hoffentlich nicht übel – ich hab' euch ALLE lieb!)

Mit denen, die schon seit 2008 (oder länger) dabei sind, teile ich auch noch die weniger glanzvollen Tour-Erinnerungen: Hotels mit Toilette auf dem Gang. Badezimmer, in denen Silberfischchen und Kakerlaken um die Wette rannten. Betten, auf denen man die dicke Staubschicht mit bloßem Auge sehen konnte. Am nächsten Morgen erwachte man mit geschwollenen Augen – Hausstaub-Allergieschock! Einfach untergebracht waren wir damals eigentlich immer. Viele dieser Pensionen oder Landgasthöfe waren absolut in Ordnung, die Inhaber gaben sich viel Mühe, es uns gemütlich zu machen. Manchmal brachten uns die Veranstalter aber auch in richtigen Absteigen unter. Auch damit musste man klarkommen.

Heute sieht das anders aus, da gehen wir mit einem luxuriösen Nightliner auf Tour, mit Schlafkabinen und Raum zum Feiern. Für das Team, das mittlerweile rund 25 Leute umfasst, sind Snacks und Getränke da, es gibt eine Playstation, einen Fernseher und eine Musikanlage. Sicherlich bietet ein Nightliner nicht den Komfort eines Sterne-Hotels, aber für viele in meiner Bühnen-Crew ist es besser, wenn sie nachts mit dem Bus zum nächsten Auftrittsort gefahren werden und morgens direkt mit dem Aufbau loslegen können. So verlieren wir nicht unnötig Zeit. Wenn ich eine große Arena-Tour mache, gibt es hinter der Bühne auch immer ein geiles Catering, wir engagieren dafür einen richtig guten Tourkoch. Denn niemand soll sich, während er oder sie hart arbeitet, über schlechtes Essen ärgern müssen. Das habe ich mir zum Prinzip gemacht. Denn auch in kulinarischer Hinsicht waren wir jahrelang Backstage nicht gerade verwöhnt worden. Manchmal kamen mein Tontechniker René, mein Physiotherapeut Volker und ich am Veranstaltungsort an, und alles, was hinter der Bühne auf uns wartete, waren eine Flasche Mineralwasser und zwei Brötchenhälften mit angetrocknetem Gouda. Die sollten wir uns teilen. Zum Glück hatte Volker immer Tupperdosen mit geschmierten Broten dabei, sonst hätte uns den ganzen Abend der Magen geknurrt.

Worauf ich wirklich stolz bin: dass unsere Truppe – unter egal welchen Umständen – den Teamgeist hochhält und um Harmonie bemüht ist. Zudem sind wir ein echt multikultureller Haufen. Da prallen schon mal verschiedene Charaktere, Temperamente, Wertevorstellungen und Mentalitäten aufeinander. Wir versuchen trotzdem, zusammen einen Weg zu finden. Wenn mich einer fragen würde: Wie lerne ich Integration und Toleranz? Dann würde ich antworten: Komm in unser Team!

Und noch ein Punkt ist mir wichtig: Ich könnte nie dauerhaft mit Menschen zusammenarbeiten, mit denen ich nicht eine (mehr oder weniger enge) Freundschaft pflege. Diese Basis aus Sympathie und Vertrauen macht vieles leichter. Die Nähe, die daraus entsteht, wird natürlich manchmal bei der täglichen Arbeit herausgefordert. Wenn ich gelegentlich doch mal den Chef raushängen lassen muss, frage ich mich regelmäßig: Hält die Freundschaft das aus? Die Gratwanderung zwischen Freund Bülent und Auftraggeber Bülent fällt mir nicht immer leicht. Aber am Ende sind wir alle wirtschaftlich davon abhängig, dass die Tour reibungslos funktioniert und das Programm auf der Bühne die Leute begeistert.

Zurück zum Schicksalsjahr 2009: Am Tag nach dem Triumph in der SAP Arena, am Freitag, dem 29. Mai, stand ich gegen Mittag auf. Frühstücken, ein paar Telefonate führen, ab ins Auto zur nächsten Bühnenprobe. Die Euphorie der vergangenen Nacht erschien mir fast wie ein Traum. Abends stand ein Auftritt in Speyer auf dem Programm, vor 500 Leuten. Ich erzählte dem Publikum, dass ich gestern in Mannheim die ausverkaufte SAP Arena gerockt hatte. Das war ein großer Lacher, denn das hielt man in Speyer für eine absurde Übertreibung.

Monatelang geschah nach der TV-Aufzeichnung – nichts. Den ganzen Sommer über spielte ich weiter fleißig mein Bühnenprogramm »Kebabbel net« in den üblichen Kleinstadttheatern. Niemand scherte sich groß um mich. Der Sendetermin bei RTL war für den 18. September 2009 angesetzt worden. Ein Freitagabend. Ich stand parallel im Kurhaus Bad

Rappenau mit einer Vorpremiere meines neuen Programms »Ganz schön turbülent« auf der Bühne. Nach dem Auftritt: ab ins Hotel. Ich legte mich früh schlafen.

Am nächsten Morgen klickte ich mit Herzklopfen durch den Videotext. Hatte ich eine halbwegs gute Quote geschafft? Allerdings! Und nicht nur das, ich hatte den Tagessieg errungen mit über 20 Prozent Marktanteil! Millionen Zuschauer, auch aus Österreich und der Schweiz, hatten sich mein Live-Programm auf RTL angeschaut. Hatten vielleicht zufällig reingezappt – und waren dann hängengeblieben. Ich weiß noch, wie ich auf dem Bett in diesem Hotelzimmer saß, ganz allein, und weinte. Vor Glück, vor Erleichterung. Alles kam in dem Moment in mir hoch, die Anstrengungen der letzten Jahre, die Hürden und Rückschläge, alle meine Hoffnungen und Wünsche, die mich seit Teenagertagen begleiteten.

Jetzt habe ich es geschafft, dachte ich. Das ist der Durchbruch.

Tags darauf rief mich ein Veranstalter an. »Bülent, du glaubst nicht, was hier los ist!!! Totaler Ansturm auf die Tickets für deine neue Show. Wir verlegen deine Auftritte in größere Hallen. Und wir rechnen damit, dass wir trotzdem in Kürze *sold out* sind!«

So begann er, der Hype.

Von einem Tag auf den anderen.

Er riss mich mit wie eine gewaltige Welle.

Von 2009 bis 2010 spiele ich »Ganz schön turbülent« überall in Deutschland vor tobenden Mengen; allein in Mannheim ist das Capitol an neun Abenden ausverkauft. Beim Deutschen Comedypreis werde ich als »Bester Newcomer« ausgezeichnet. Im Mai 2010 stehe ich wieder in der SAP Arena, wieder zeichnet RTL auf.

Im Oktober 2010 lädt Thomas Gottschalk mich zu einer seiner letzten *Wetten dass ...?*-Sendungen ein, auch Katy Perry und Joe Cocker sitzen auf der Couch. Ich zittere hinter der Bühne dermaßen vor Aufregung, dass Michael Mittermeier, der ebenfalls Gast ist, es bemerkt. »Komm, wir gehen Hand in Hand die Showtreppe runter«, sagte er – der erfahrene Kollege – zu mir, dem Nervenbündel. Und das machen wir dann auch, während fast 10 Millionen Menschen zuschauen.

2011 bekomme ich bei RTL meine erste eigene Show. Im Sommer stehe ich in Wacken vor 80 000 Heavy Metal Fans. Ich bin der erste Komiker, der bei dem Musikfestival auf der Hauptbühne auftreten darf. Im gleichen Jahr erhalte ich den Comedypreis als »Bester Komiker«, und meine DVDs »Bülent Ceylan – Live« und »Ganz schön turbülent« erreichen Goldstatus.

2012 laufen die zweite und dritte Staffel der »Bülent Ceylan Show« auf RTL; in Frankfurt spiele ich im Stadion vor 42 000 Menschen. Arenen fülle ich längst deutschlandweit. Ich bin für den Grimme-Preis nominiert. Den Deutschen Fernsehpreis. Die Goldene Kamera. Wieder zu Gast bei *Wetten dass ...?*, wieder SAP Arena. Außerdem erhalte ich den Verdienstorden des Landes Baden-Württemberg für meinen Einsatz »gegen Rassismus und für Toleranz«.

Und so weiter.

Es ist wie ein Rausch, die Zeit fliegt nur so dahin. 250 Tage im Jahr bin ich im Schnitt unterwegs. Kaum noch zu Hause.

Interviews, Auftritte, Aufzeichnungen, Auftritte, Interviews, es nimmt kein Ende. Ich merke dennoch genau, was gerade passiert: Das ist zweifellos der Höhepunkt meiner Karriere. Ich habe alles erreicht, was ich mir jemals erträumt habe. Und noch tausend Mal mehr.

Aber, diese eine Frage nagt im Stillen an mir, ist es auch der Höhepunkt des Glücks?

Bin ich in meinem Leben wirklich angekommen?

12 »Weißt du noch?«

Ein Nachmittag im Jahr 2020, ich stecke mitten in den Arbeiten am Buch, da kommt zufällig mein langjähriger Freund und Physiotherapeut Volker vorbei. Wo er schon mal da ist … da können wir doch kurz gemeinsam in Erinnerungen schwelgen, oder? Volker behandelt mich seit 2008 regelmäßig, hat mich Dutzende Male auf Tour begleitet. (Denn leider habe ich oft Probleme mit meinen Bandscheiben. Zu viel Headbanging in der Jugend vermutlich.) Im Team kursiert das geflügelte Wort: »Alle Gewalt geht vom Volker aus.« Weil es regelmäßig knack-knack in unseren Gelenken macht, wenn er hinter der Bühne zupackt. Volker war für mich immer wie der letzte deutsche Ureinwohner: Er kommt aus einem bayerischen Dorf an der Grenze zu Hessen und hat einen noch krasseren Dialekt als ich. Und: Er trinkt täglich literweise Kaffee, ohne Kaffee geht bei ihm gar nichts. Auch jetzt hat Volker schon die dritte Tasse vor sich stehen. Ich frage mich, wie er – als Teammitglied und zugleich als externer Beobachter – diese verrückte Zeit meines Durchbruchs erlebt hat.

BÜLENT: Volker, als wir uns kennenlernten, im Herbst 2008 bei ProSieben, warst du als Physiotherapeut für die Auto-WM-Fahrer engagiert. Sag ehrlich: Hattest du vorher schon von einem Komiker namens Bülent Ceylan gehört?

VOLKER: Nein, noch nie. Ich wohne nicht direkt hier um die Ecke und habe die Comedyszene in Mannheim nicht verfolgt. Ich weiß noch, wie du mir vor dem ersten Dreh vorgestellt wurdest, leider habe ich deinen Namen nicht richtig verstanden. Während der Sendung habe ich dich dann mal aus Versehen mit »Herr Türk« angesprochen.

BÜLENT: Haha, weiß ich gar nicht mehr! Das ist mir öfter mal passiert. Aber warum bist du kurz darauf mit mir auf Tour gegangen? Zahlen konnte ich dir so gut wie nichts, du hast das monatelang quasi umsonst gemacht.

VOLKER: Ich war damals – neben meinem Vollzeitjob – total beschäftigt mit der Betreuung von Handballer- und Ringermannschaften. Jedes Wochenende war ich mit den Sportlern unterwegs. Dann kamen die ProSieben Termine noch obendrauf. Irgendwann meinte meine Frau: Die Woche hat nun mal nur sieben, nicht neun Tage. Triff eine Entscheidung.

BÜLENT: Und warum fiel die Entscheidung ausgerechnet für mich aus – obwohl das für dich erst mal überhaupt nicht lukrativ war?

VOLKER: Ich hatte es mit einer Strichliste versucht, pro und kontra. Aber mein Bauchgefühl sagte mir, dass ich mit dir zusammenarbeiten wollte. Und dass du kurz vorm Durchbruch standest. Ich weiß nicht, wieso ich das dachte. In der ersten Saison, in der ich dabei war, saßen oft nur 80 oder 100 Leute im Zuschauerraum. Aber irgendwie lag da trotzdem was in der Luft. Und ich wollte dabei sein, wenn es losgeht. Es war spannend.

BÜLENT: Ich habe dir oft gesagt, wie dankbar ich für diese Unterstützung war. Das gilt für mein gesamtes Team: Ihr habt alle an mich geglaubt! Und wenn du damals nicht mit auf Tour gewesen wärst, hätte ich teilweise kaum auftreten können. So schlimm waren meine Rückenschmerzen vor meiner Bandscheibenoperation. Du hast mit deinen Händen manchmal kleine Wunder vollbracht.

VOLKER: Ich werde übrigens bis heute gefragt, was ich da bei dir backstage eigentlich mache. Kannst du dir das vorstellen?

BÜLENT: Wahrscheinlich, weil eure Arbeit für Außenstehende so unsichtbar ist. Dabei hat jeder dieser Jobs vor, neben und hinter der Bühne seine Berechtigung – und jeder ist gleich wichtig! Es gibt nicht das eine große Zahnrad und die vielen kleinen Zahnräder drumherum. Alle Räder müssen ineinandergreifen.

VOLKER: Schön gesagt! Wenn die Menschen das mal grundsätzlich kapieren würden, wäre der Welt wirklich geholfen. Und wo wir schon dabei sind, muss ich mal was zum Thema Neidgesellschaft sagen. Das sollte man vielleicht auch mal erwähnen in deinem Buch:

Mich ärgert es unheimlich, wenn die Leute sich deinen heutigen Lebensstil angucken – und ihn dir nicht gönnen. Sie sehen nicht die vielen Jahre, in denen du dich finanziell gerade über Wasser halten konntest. Und sie übersehen auch, dass du mit dem Erfolg viele Freiheiten eingebüßt hast. Du kannst dich mit deinen Kindern nicht mehr unbeobachtet in der Öffentlichkeit bewegen. Wenn du Privatsphäre haben willst, musst du sie dir teuer erkaufen – hinter hohen Zäunen. Ja, du hast ein großes Haus und einen großen Garten. Aber das ist für dich und deine Familie ein wichtiger Rückzugsraum, wo ihr vor fremden Blicken geschützt seid. Wenn ich mich entspannen will, kann ich mich auf jede beliebige Parkbank setzen. Das kannst du nicht, du wirst überall angesprochen und fotografiert. Egal, wie es dir in dem Moment geht.

BÜLENT: Das stimmt.

VOLKER: Außerdem hast du dir alles, was du heute besitzt, hart erarbeitet. Ich weiß das, ich war oft dabei. Meinetwegen könntest du von morgens bis abends auf einem goldenen Drahtesel herumfahren, ich fände das völlig in Ordnung. Ich erinnere mich auch noch genau, wie du dir zum ersten Mal in deinem Leben ein großes Auto gekauft hast. Wie glücklich du damit vorgefahren bist. Nach all den Jahren, in denen du dir gar kein Auto hattest leisten können.

BÜLENT: Das weiß ich auch noch! Das war ein Subaru Tribeca, damals ein riesen Geschoss. Ali musste mich übrigens überreden, dass ich mich das traue. Ich war immer so vorsichtig, wollte nicht wie ein Angeber dastehen. Ali meinte dann zu mir: »Bülent, du nimmst keine Drogen, schmeißt keine Partys, verschleuderst dein Geld nicht in Wettbüros und hast auch sonst keinerlei Laster – da kannst du dir doch jetzt, wo der Erfolg da ist, wenigstens mal ein schönes Auto kaufen.«

VOLKER: Recht hat er! Und trotzdem gab es diese unterschwelligen Reaktionen: Ach, *das* kann er sich leisten? Das regt mich auf! Ich fahre einen VW Caddy und einen Traktor und bin auf niemanden neidisch.

BÜLENT: Aber alle sind neidisch auf deinen Traktor!

VOLKER: Warum sollte ich mich nach einem Porsche sehnen? Oder einem Ferrari? Passt gar nicht zu mir.

BÜLENT: Du hast mal den schönen Satz zu mir gesagt: »Der Kühlschrank ist voll, und ich habe genug Geld zum Tanken – also bin ich glücklich.« Daran muss ich oft denken. Corona drückt uns allen aufs Gemüt, da nehme ich mich gar nicht aus. Aber dann möchte ich mich selbst an den Schultern packen und rütteln: »Einfach mal Gosch halte'. Sei froh, dass du lebst!«

VOLKER: Es ist doch so: Du wachst morgens auf, du bist gesund, kannst Hände und Füße bewegen und deinen Kopf zum Denken benutzen. Was brauchst du noch? Einen Kaffee. Kannst du dir machen. Was gibt's dann zu klagen?

BÜLENT: Apropos: Willst du noch einen Kaffee?

VOLKER: Wenn du schon fragst: gern.

13 Matte & Platte

Ali sagt immer: »Mit dir Auto fahren ist wie in der Sauna sitzen.« Ich hatte es schon erwähnt: Beim Thema Kälte und Zugluft komme ich voll nach meinem Vater. Ich mag es gern mollig. Ali sitzt am Steuer neben mir und schwitzt sich einen ab. Noch schlimmer findet er es, wenn ich nach einem Auftritt hinten auf der Rückbank liege und meine Sauerstoffmaske aufhabe. Eigentlich ist es keine Sauerstoffmaske, sondern ein Stimmband- und Lungenbefeuchter mit sprudelndem Wasser drin. Das Gerät gibt nach 20 Minuten, wenn das Programm beendet ist, einen durchdringenden Ton von sich: »Piiiiiieeeeep«. Ali schreckt jedes Mal zusammen: »Immer denke ich, du bist tot!«

Von Ali, in Personalunion Tourbetreuer, Fahrer, Bodyguard und einer meiner engsten Freunde, möchte ich jetzt gern noch ein bisschen ausführlicher erzählen. Ali ist nämlich ein Kapitel für sich. Mein Verhältnis zu ihm ist sehr eng, oft ist er wie ein Psychiater für mich. Ali nennt es: »Bülents Aufbauhelfer«. Wir sind in den letzten Jahren so viele Stunden zusammen

Auto gefahren, haben so viele Tage miteinander verbracht, so viele Höhen und Tiefen durchlebt, dass Ali längst zu meiner Familie gehört – wie ich zu seiner. Und das sage ich nicht nur so daher. Einmal war ich bei Alis Eltern zu Besuch, und seine Mutter, die sonst Kopftuch trägt, trat mir mit offenen Haaren entgegen. Ich war kurz verunsichert. Doch Alis Eltern lachten meine Verlegenheit weg. »Du gehörst zur Familie, du bist wie einer unserer Söhne«, sagte Alis Vater zu mir. Daraufhin umarmte und küsste ich Alis Mama. Der Satz war eine große Ehre für mich.

Wie das mit Ali und mir – man nennt uns auch liebevoll Matte & Platte – angefangen hat? Das kann ich jetzt endlich mal ausführlich erzählen: Ali war Ende der Nullerjahre in Mannheim ein bekannter Türsteher, er hatte eine Firma mit etlichen Mitarbeitern und betreute alle großen Clubs in der Stadt. Außerdem bot er Security- und Bodyguard-Service für Prominente an. (Er hat damals sogar auf Hans-Dietrich Genscher und Sharon Stone aufgepasst.) Ich war auf der Suche nach einem Fahrer, nach jemandem, der mich auf die vielen Veranstaltungen begleitet und mir bei allem hilft, was unterwegs anfällt. Ali wurde mir von seinem Bruder empfohlen, mit dem ich schon eine Weile befreundet war. Und Ali wollte sowieso weg von der »Tür«. Er wohnte noch im gleichen Haus wie seine Eltern. Wenn er morgens um sechs nach seiner Schicht nach Hause kam, nicht selten mit Blut auf dem Hemd, weil er bei Schlägereien besoffener Diskobesucher dazwischengehen musste, kriegte seine Mutter jedes Mal einen riesigen Schreck: »Ali, was ist denn jetzt wieder passiert?«

Als wir uns kennenlernten, war Ali ein extrem zurückhaltender, ruhiger Typ. Das tat mir gut, denn ich kann vor oder nach Auftritten keine aufgekratzten, hektischen Leute um mich herum gebrauchen. Ali war von Anfang an der Ruhepol. Jemand, der mich runterbrachte. Doch war er auch auf meiner Wellenlänge? Hatten wir einen ähnlichen Sinn für Humor? Das konnte ich überhaupt nicht einschätzen, weil Ali nie viele Worte machte und selten das Gesicht verzog.

Ich beschloss, ihn zu testen.

Es muss 2008 oder 2009 gewesen sein, wir kamen mitten in der Nacht von einem Auftritt in Pirmasens in Rheinland-Pfalz und fuhren auf der Landstraße zurück nach Mannheim. Ich saß stumm und scheinbar dösend auf dem Beifahrersitz. Plötzlich schlug ich die Augen auf und rief laut:

»Ali, halt mal schnell an! Da, sofort!«

»Wieso, was ist denn los? Geht's dir nicht gut?«

»Doch, aber halt an!«

Der Wagen kam auf dem Seitenstreifen der Landstraße zum Stehen. Stockfinstere Nacht, mitten im Nirgendwo, neben uns nur ein paar Büsche, dahinter weite Wiesen. Ich ließ meine Seitenscheibe herunter. Und brüllte plötzlich in Richtung Gebüsch:

»WALTER! Steh uff! 's wird Zeit!«

Daraufhin ließ ich die Scheibe wieder hoch, drehte mich seelenruhig zu Ali und sagte:

»Kannst weiterfahren.«

Ali schaute mich an, als hätte ich den Verstand verloren. Welcher Walter? Und was machte der nachts um halb eins im Gebüsch an der Landstraße? Doch Ali stellte mir keine Fragen, sondern startete wortlos den Wagen und fuhr weiter.

Stumm rasten wir durch die Nacht. Ich ließ meinen Satz wirken. Ich erklärte nichts.

Natürlich war das eine Schwachsinnsaktion, aber genau meine Art von absurdem Humor. Ich wollte einfach sehen, wie Ali reagiert. Später hat er mir erzählt, dass er das schon »sehr seltsam« fand. Er hat sich nach dieser Fahrt ernsthaft gefragt, ob er sich auf den Job bei mir einlassen sollte. Vielleicht hatte ich richtig einen an der Waffel?

Doch es dauerte nicht lang, dann hatte ich Ali »bülentifiziert«. Heute ist sein Humor noch viel kränker als meiner. Was wir unterwegs schon erlebt haben, beispielsweise mit mit ostdeutschen Taxifahrern (»Wenn die Toiletten im Flughafen stinken, ist wohl gerade der Flieger aus Antalya gelandet, harhar«) oder mit westdeutschen Bäckereifachverkäuferinnen (»Sie sprechen aber gut Deutsch!« – »Sie aber auch.«), das füllt halbe Bühnenprogramme.

In der Veranstaltungsbranche wurden wir, das libanesisch-deutsch-türkische Dreamteam, anfangs kritisch beäugt. Das liegt vermutlich daran, dass Ali auch aussieht wie ein Ali. Groß, kräftig, mit kahlem Kopf und Vollbart. Weil er beruflich aus dem Personenschutz kam, war er es gewohnt, schwarze Anzüge zu tragen, breitbeinig dazustehen und Kraft auszustrahlen. Außerdem ließ er mich nicht aus den Augen, blieb körperlich immer nah an mir dran. Das irritierte viele in der Comedyszene. Die dachten, ich würde nach meinem Durchbruch völlig abheben, sei leicht größenwahnsinnig geworden – weil ich nur noch zusammen mit meinem ernst dreinblickenden Bodyguard auftauchte. Irgendwann riet ich Ali: »Zieh dich mal ein bisschen lockerer an und rück auf dem

Roten Teppich ein Stück von mir ab.« Es fiel Ali anfangs ein bisschen schwer, aber er passte sich an.

Mit der Zeit übernahm Ali mehr und mehr organisatorische Aufgaben und führte bald auch die Gespräche mit den Veranstaltern. Heute ist er ein hochqualifizierter, hervorragender und sehr erfahrener Tourbetreuer. (Und gar nicht mehr schweigsam.) Aber es gab auch immer wieder Situationen, in denen er wirklich auf mich aufgepasst hat. Weil ich mich auf der Bühne ab und zu politisch äußere, bekam ich gelegentlich Drohbriefe. Dank Ali habe ich mich sicherer gefühlt.

Gegen Rassismus und rechtes Gedankengut habe ich mich schon immer lautstark ausgesprochen. Und auch zu Erdoğan und den zunehmend autoritären Tendenzen in der Türkei hatte ich eine klare Meinung.

Mein Vater hat mich früh für dieses Thema sensibilisiert, deshalb wollte ich mich dazu öffentlich verhalten – obwohl ich nicht in der Türkei geboren bin und nie dort gelebt habe. Manchmal ließ ich meine politische Haltung nebenbei in die Comedy einfließen, manchmal sprach ich Ereignisse ganz ernst auf der Bühne an. »Nazis haben hier keinen Platz!«, dieser Satz fehlte bisher in keinem meiner Bühnenprogramme. Er ist mir total wichtig!

Als am 13. November 2015 Mitglieder einer islamistischen Terrorzelle in dem Pariser Musikclub Bataclan 90 Menschen während eines Rockkonzertes töteten, stand ich in Berlin auf der Bühne. Die Nachricht des Anschlags erreichte uns nach der Show. Sie traf uns wie ein Schlag. Es hätte schließlich auch irgendein Club in Deutschland sein können. Viele Gedanken schossen uns allen durch die Köpfe: Sollte ich heute besser keine Autogrammstunde geben? Und den zweiten Auftritt in Berlin am folgenden Abend absagen? Ich entschied mich, auch nach Rücksprache mit Ali, dass ich meine Tourpläne und -gewohnheiten *nicht* ändern würde. Denn wenn wir – die demokratische Mehrheitsgesellschaft – aufgeben, wenn wir uns von den Bühnen oder aus der Öffentlichkeit zurückziehen, dann hätten die Attentäter genau das erreicht, was sie erreichen wollten. Das habe ich am 14. November in Berlin genau so zu Beginn der Show zum Publikum gesagt: »Jetzt erst recht!« Das gab einen riesigen Applaus. Da wusste ich, dass meine Entscheidung richtig gewesen war.

Was Extremismus und Terror in einer Gesellschaft anrichten können, muss mir niemand erklären – und Ali schon gar nicht. Wenn ich auf der Bühne sage, »Ali ist mein Flüchtling«, denken viele, dass ich Witze mache. Mache ich natürlich auch, aber Ali war wirklich ein Flüchtlingskind. Er kam im Januar 1986 mit seinen Eltern und Geschwistern aus dem Libanon, aus der Hauptstadt Beirut. Dort herrschte damals ein blutiger Bürgerkrieg. Eines Tages holte Alis Vater seine Kinder von der Schule ab; geplant war, dass die ganze Familie am Nachmittag noch zu Verwandten in den Südlibanon fliehen sollte. Doch als sie zurück zu ihrem Haus kamen, war es nicht mehr da. Ein Bombenangriff hatte alles zerstört. Die Familie verließ überstürzt und mit leeren Händen das Land. Ihre Fluchtroute führte über Syrien nach Ostberlin. Von dort gelang es ihnen, durch einen geheimen Tunnel in den westlichen Teil der Stadt zu kommen. Unglaubliche Geschichte, oder? Eigentlich filmreif! In Neukölln lebte der Bruder von

Alis Vater, daher war Berlin ihr erstes Ziel. Ali war damals im Grundschulalter. Der Familie wurde ein Zimmer in einem Berliner Flüchtlingsheim zugewiesen. Nach sechs Monaten wurden sie weiter nach Westdeutschland geschickt. Alis Eltern hatten Glück, denn sie kamen nach Karlsruhe, wo ihnen ein sehr engagierter Betreuer zur Seite stand. Es folgte noch mal ein halbes Jahr in einem Flüchtlingsheim, bis sie schließlich eine Wohnung fanden. Erst dann konnte die Familie wieder Fuß fassen. Diese Ereignisse sind Teil von Alis Biografie und haben ihn zu dem gemacht, was er heute ist.

Wenn ich auf der Bühne sage: »Ich bin so froh, dass Ali in Deutschland bleiben konnte, denn sonst hätte ich diesen tollen Menschen nie kennengelernt!«, dann ist jedes Wort genau so gemeint.

Natürlich lernte Ali auch meine Familie kennen. Vor allem mit Turan verstand er sich auf Anhieb; sie mochten sich sehr. Insgeheim hofften wohl beide, dass ich mich doch zum Islam bekennen würde. Es kam allerdings anders; das werde ich noch in Ruhe ausführen. Als es in der folgenden Zeit schwer wurde für mich und meine Familie, war Ali ebenfalls an meiner Seite. Denn ab 2010 ging es Turan zunehmend schlechter. Von den vielen Herztabletten waren seine Nieren kaputt, so dass er an die Dialyse musste. Er verlor sehr viel Gewicht, zitterte stark und litt unsägliche Schmerzen. Meine Mutter saß im Krankenhaus an seinem Bett – und zitterte ebenfalls vor Kummer. Die Dialyse sollte helfen, Turans Lebenszeit noch etwas zu verlängern. Im Nachhinein bin ich mir nicht mehr so sicher, ob das damals die richtige Entscheidung war.

Jeden Tag, wenn meine Mutter an sein Krankenbett trat, sagte Turan zu Hilde: »Ich will nicht mehr leben, ich will diese Schmerzen nicht mehr haben.« Er litt unsäglich. Der Mann, der Zeit seines Lebens kräftig und stark gewesen war, wurde immer dünner, immer gebrechlicher. Die Gicht, die ihn schon seit Jahren quälte, verschlimmerte sich, so dass ihn sogar leichteste Berührungen schmerzten. Irgendwann bekam er Morphium, da wusste er, dass es nun zu Ende geht. Er fiel ins Koma. Doch etwas hielt ihn zurück. Er konnte nicht loslassen. Es war, als kämpfe er innerlich noch mit etwas. »Ist im Leben Ihres Vaters etwas ungeklärt«, fragten die Ärzte. Wir überlegten. »Er hat noch einen Sohn, der in der Türkei lebt«, antwortete ich. »Von dem konnte er sich nicht verabschieden. Vielleicht ist es das.« Das war meine Vermutung.

Meine Cousine Ženay, Turans Lieblingsnichte, kam und half uns, einen Telefonkontakt herzustellen. Während mein Vater reglos in seinem Bett lag, sprachen wir über Lautsprecher am Telefon mit Hasan. »Baba, es ist alles in Ordnung zwischen uns, du kannst gehen«, sagte mein Bruder am anderen Ende der Leitung. Diese Worte waren es wohl, auf die mein Vater gewartet hatte. Aus dem Koma erwachte er nicht mehr, und in der nächsten Nacht schlief er für immer ein. Am Ende war es eine Erlösung, auch für meine Mutter. Hätte der Kampf meines Vaters noch lange angedauert, wäre auch sie daran zerbrochen. Wir Geschwister waren schon in größter Sorge um sie.

Bevor Turan starb, hatten meine Eltern ausführlich über seine Beerdigung gesprochen. Er wollte, auch wenn er nicht streng gläubig war, unbedingt muslimisch beerdigt werden.

Zum Glück waren Ali und sein Bruder zur Stelle, die wussten, was zu tun war. In dieser Situation, als ich selbst so neben mir stand, war das eine große Erleichterung. Ali und sein Bruder halfen mir, einen Hodscha zu finden. Denn zur muslimischen Beerdigungstradition gehört, dass der Sohn gemeinsam mit dem Hodscha den toten Vater ein letztes Mal wäscht. Psychisch war das für mich nicht einfach, aber ich wollte meinem Vater seinen letzten Wunsch erfüllen.

Auch in der folgenden Zeit waren Ali und alle anderen aus meinem Team eine Stütze für mich. Einige Wochen lang fühlte ich mich nicht imstande, auf die Bühne zu gehen. Ich war in tiefer Trauer. Mir fielen die vielen Kleinigkeiten ein, die ich als Kind mit meinem Vater erlebt hatte, unsere Kegelabende, unsere Sonntagsausflüge in den Luisenpark, unsere gemeinsamen Fahrten mit dem Lkw. Manchmal waren wir Minigolf spielen gegangen oder spazieren im Käfertaler Wald. Und jetzt – war mein Vater nicht mehr da.

Ali half mir in dieser Phase auch indirekt. Denn durch ihn hatte ich wieder mehr Kontakte in die arabische und türkische Community, ich bekam wieder einen engeren Bezug zu meinen väterlichen Wurzeln. Das tat mir gut. Es herrscht eine andere Wärme, eine andere Offenheit in dieser Community. Und eine andere Form von Stolz: Man freut sich, wenn es jemand mit ähnlichem Hintergrund geschafft hat, erfolgreich zu werden.

Ali sagt übrigens immer, das Wichtigste für die Integration sei die Sprache; man müsse die Sprache des Landes lernen, in dem man lebt. Meine Frau Radine, die ebenfalls nicht in Deutschland geboren wurde und erst in der Schule Deutsch lernte, sieht das genauso. Sprachkenntnisse sind Türöffner, sie verschaffen uns viele Chancen im Leben. Ali musste als Kind oft für seine Eltern übersetzen. Schon als Zehnjähriger hat er bei Behördengängen gedolmetscht und seinen Eltern deutsche Formulare auf Arabisch vorgelesen. Ihm und seinen Geschwistern fiel es leichter als den Eltern, die neue Sprache zu lernen.

Trotzdem – und ich finde, das sagt viel aus über unser Land – passiert es Ali bis heute, dass er von Deutschen angesprochen wird, als könne er nichts verstehen. Die Sachbearbeiter auf den Ämtern gucken erstaunt, weil er fließend »ihre« Sprache spricht. Und nicht nur das, er spricht sogar »ihren« Dialekt! Als Ali hier in der Region eine Wohnung suchte, bekam er deutlich zu spüren, dass Mieter, die Thomas Meier oder Michaela Müller heißen, bevorzugt werden. Wenn er bei Maklern anrief, waren die zunächst sehr freundlich, denn Ali spricht wie gesagt akzentfrei Deutsch mit leicht badischem Dialekt. Erst wenn er seinen Vornamen nennen sollte, kippte regelmäßig die Stimmung. »Ach so, äh, tut mir leid, die Vermieter wollen keine Ausländer.« Manchmal wurde noch die Frage nachgeschoben: »Was sind Sie denn?« »Libanese.« »Immerhin kein Türke, das ist gut. Türken nehmen wir grundsätzlich nicht.«

Diese Dialoge spielten sich vor rund zehn Jahren ab. Vor Pegida, vor der Gründung der AfD. Als es in Deutschland noch nicht salonfähig war, sich offen rassistisch zu äußern. Trotzdem fand Ali einfach keine Wohnung für sich und seine Frau. Irgendwann platzte mir der Kragen. »Jetzt reicht's! Ich kaufe eine Wohnung, da ziehst du ein und zahlst mir Miete, ganz einfach.« So haben wir es tatsächlich gemacht. Nach einer Zeit meinte Ali, er sei mir sehr dankbar, aber noch lieber würde er mir die Wohnung abkaufen und selbst Eigentümer sein. Auch das haben wir durchgezogen. Aber wie traurig ist es bitte, dass Menschen wie Ali, die seit Jahrzehnten hier leben, die ihre Kinder hier großziehen, die gesellschaftlich absolut integriert sind und ihre Steuern in diesem Land bezahlen, im Alltag trotzdem wie Bürger zweiter Klasse behandelt werden?

Uffbasse, Leute, ich meine es ernst: Lasst Vorurteile nicht unsere gegenseitige Wahrnehmung bestimmen. Jeder Mensch hat es verdient, dass man ihm eine Chance gibt. Dass man ihn genauso behandelt, wie man selbst gern behandelt werden möchte. Es macht Deutschland aus, dass dieses Land so multikulturell ist – und dass es schon viele tolle Beispiele für ein friedliches Zusammenleben gibt. Aber da geht definitiv mehr, da ist noch Luft nach oben! Und jeder von uns kann seinen Teil zu einer offenen, respektvollen, toleranten Gesellschaft beitragen.

14 FAQ (Oft gestellte Fragen und wahrheitsgemäße Antworten)

Ich habe mich lange zurückgehalten mit Informationen über mein Privatleben – stilisierte Anekdoten über meine Eltern und lustige Erlebnisse mit Ali ausgenommen. Über mein Leben als Familienvater spreche ich meist nur in Andeutungen, meine Kinder halte ich komplett aus dem Scheinwerferlicht heraus. Das hat die Neugier der Öffentlichkeit natürlich nur noch mehr befeuert. Im Internet kursieren wilde Gerüchte, komische Halbwahrheiten und Fake News, über die ich mich echt ärgere. Vielleicht ist es an der Zeit, damit mal aufzuräumen. Alla, hopp, schießt los, fragt mich alles, was ihr schon immer fragen wolltet.

1. Wow, cool! Wie viele Kinder hast du?
Ich habe eine Tochter aus erster Ehe. Meine erste Frau und ich haben sehr jung geheiratet, und irgendwann hat es nicht mehr gepasst. Ich habe eine sehr emotionale, enge Verbindung zu meiner großen Tochter und ein gutes Verhältnis zu meiner Exfrau, darüber bin ich sehr glücklich, denn das ist

alles, was zählt. Mittlerweile bin ich zum zweiten Mal verheiratet. Meine Frau heißt Radine; wir haben zwei Kinder. Die Namen meiner Kinder und ihr Alter veröffentliche ich nicht. Es gibt auch keine Fotos in den Medien von meiner Familie.

2. Wie alt bist du wirklich?

Das kann man doch bei Wikipedia nachlesen! Ich bin am 4. Januar 1976 geboren. Aber ich weiß, welche Frage hier unterschwellig mitschwingt, daher beantworte ich die gleich mit: Nein, ich habe noch nie irgendwelche Schönheitsoperationen machen lassen. Ich benutze auch kein Botox. Ich gebe zu, dass ich die Haare an meinen Schläfen mittlerweile schwarz nachfärbe. Weil es einfach scheiße aussieht mit grauen Strähnen in meiner langen Mähne. Ich bin also ein bisschen ›getürkt‹, aber nur in Bezug auf meine Haarfarbe.

3. Warum bist du manchmal so schlank – und manchmal nicht?

Glaubt mir, die Spiegel-Selfies sind schuld! Mal wirke ich auf Handy-Fotos schmaler, mal kastiger. Kommt auf den Winkel an und auf das Oberteil, das ich an dem Tag trage. Dunkle Anzüge lassen alle Männer schmaler erscheinen. Wer es noch genauer wissen will: Ich habe, seit ich erwachsen bin, immer einigermaßen mein Gewicht halten können. Sogar mein roter Schottenrock aus den 1990ern passt mir noch. Eine Zeitlang wog ich 87 Kilo, vor der letzten Tour habe ich wieder ein bisschen abgenommen. Aktuell wiege ich um die 83 Kilo. Und das bei einer Körpergröße von exakt 1,81 Meter. Wollt

⇩ Ali liebt Bienenstich, ich bevorzuge Erdbeerkuchen. Das ist in Bezug auf Essen aber auch der einzige Unterschied zwischen uns. Weil wir seit so langer Zeit gemeinsam unterwegs sind, wirken wir von außen wie ein altes Ehepaar. Ali inspiziert oft vorab das Büfett oder die Speisekarte und weiß gleich: »Das isst Bülent, das nicht.« Unser Geschmack ist sehr ähnlich, wir mögen zum Beispiel beide kein Lamm. Bei unbekannten Speisen sagt Ali manchmal zu mir: »Iss! Das schmeckt dir!« Wer solchen Unterhaltungen zuhört, könnte den Eindruck gewinnen, Ali sei mein Clanchef und ich sein Clanmitglied. Die Wahrheit ist: Ali kennt mich einfach in- und auswendig. Manchmal kennt er mich sogar besser als ich mich selbst.

© Arno Steinfurt

⇧ Bei der Bambi-Verleihung 2016 erhielt ich den Preis in der Kategorie Comedy. Das war eine große Ehre für mich, denn einerseits ist der Bambi ein bisschen der Oscar der Deutschen Medien- und Fernsehbranche, andererseits bedeutet mein Name Ceylan quasi »Bambi«. Ich habe den Moment genossen – und zwar nicht allein. Erstmals war ich in Begleitung meiner Frau, sie allerdings inkognito. Als ich Radine kennenlernte, konnte sie sich ein Leben in der Öffentlichkeit als »die Frau von Bülent Ceylan« überhaupt nicht vorstellen. Auch unsere Kinder halten wir komplett aus den Medien heraus. Die meisten Menschen haben dafür Verständnis und respektieren die Privatsphäre meiner Familie. Die Bambi-Verleihung wollten wir trotzdem gern als Paar erleben. Und ich bin dankbar, dass das möglich war, ohne dass Radine gegen ihren Willen von Journalisten fotografiert oder belagert wurde.

⇩ Mama und ich bei einem Herbstspaziergang vor einiger Zeit. Während des ersten Corona-Lockdowns 2020 war sie wochenlang sehr einsam, weil sie ihre Kinder und Enkel kaum noch sehen konnte. Plötzlich bekam sie Herzprobleme. Die Ärzte konnten nichts Organisches finden. Wir Geschwister tippten auf ein gebrochenes Herz – meine Mama verträgt es einfach nicht, die Familie nicht um sich zu haben. Ihr fehlen die Nähe und die Berührungen. Ich habe sie dann für eine Weile zu uns geholt. Zum Glück ging es ihr schnell wieder besser.

© privat

⇩ 2017 habe ich die *Bülent Ceylan Stiftung für Kinder* unter dem Dach der Stiftergemeinschaft der Sparkasse Rhein Neckar Nord gegründet – eine absolute Herzensangelegenheit. Ich bin selbst glücklicher Familienvater und wollte immer etwas von meinem Erfolg zurückgeben. Außerdem bin ich der Meinung, dass *alle* Kinder in diesem Land gefördert und unterstützt werden sollten, unabhängig von ihrer sozialen Herkunft oder den finanziellen Möglichkeiten ihrer Eltern. Denn ansonsten entsteht irgendwann eine Zweiklassengesellschaft. Die Stiftung engagiert sich für soziale und medizinische Projekte innerhalb Deutschlands. Wir unterstützen zum Beispiel Schulen und Kindergärten in sozialen Brennpunkten. Wir konnten außerdem für das Klinikum in Mannheim einen lebensrettenden Transport-Inkubator spenden, der frühgeborenen Babys zugute kommt. Den recht engen geografischen Fokus habe ich gewählt, weil auch in unserem reichen Land genug Kinder Hilfe brauchen und weil ich so besser überblicken kann, was mit den Spenden passiert. Wer mehr wissen will, kann hier gucken: www.bc-stiftung.de

© Fabian Hensel

ihr auch noch den Abstand zwischen meinen Augenbrauen wissen?

4. Sind deine Haare echt, und wenn ja, welche Pflegeprodukte benutzt du?

Diese Frage wurde mir in meinem Leben gefühlte dreißigtausend Mal gestellt, von jedem Journalisten, der irgendwie witzig rüberkommen wollte. Es gab auch vereinzelt Fans, die einfach reingegriffen und fest dran gezogen haben. Aua! Nächste Frage bitte.

5. Hast du wirklich mal gesagt, dass Frauen an den Herd gehören?

Das habe ich ganz sicher nicht gesagt, typisches Internetgerücht! Aber passt natürlich gut ins Bild. Nach dem Motto: Der Türk ist in Wahrheit doch ein Macho. In dem Interview damals ging es um das Thema Frauen, Männer, Kindererziehung. Vielleicht habe ich mich missverständlich ausgedrückt. Was ich sagen wollte: Statistisch gesehen steckt in Deutschland immer noch in den allermeisten Fällen die Frau nach der Geburt der Kinder beruflich zurück; Radine und ich bilden da keine Ausnahme. Aber wenn daraus die Schlagzeile wird: Bülent ist dafür, dass Frauen zu Hause bleiben, dann muss ich entschieden protestieren: Wartet mal, ihr verdreht da was! Manche Paare können sich finanziell gar nicht leisten, dass ein Gehalt wegfällt. Andere nehmen einige Monate Elternzeit und gehen dann beide halbtags in ihre Berufe zurück. Wieder andere Paare einigen sich, dass ein Elternteil zu Hause bleibt – und dass derjenige, der mehr verdient, weiter Vollzeit arbeitet. Und *leider* haben in Deutschland oft Männer das höhere Einkommen. Das zwingt auch Paare in die klassische Rollenverteilung, die das gar nicht wollen.

Bei uns war die Situation noch mal anders: Ich kann meinen Beruf nicht von montags bis freitags zwischen 8 und 16 Uhr ausüben, sondern bin viele, viele Wochen im Jahr überhaupt nicht da. Ich würde aber doch nie hingehen und sagen, meine Frau soll zu Hause bleiben, weil das ihre biologische Rolle ist! Frauen haben das Recht, sich beruflich zu verwirklichen. Genauso wie Männer. Wenn man gemeinsam Kinder großzieht, braucht es eine Absprache. Zwischen Radine und mir lautet die Absprache, dass sie selbstverständlich ihren Beruf wieder ausüben will und wird. Aber wir beide möchten auch, dass möglichst immer einer von uns für die Kinder da ist, solange sie noch so klein sind. Unsere Kinder sollen nicht von Nannys großgezogen werden. Deshalb tritt Radine zurzeit beruflich kürzer. In ein paar Jahren kann das schon wieder anders sein.

Offene Gespräche über die Aufteilung der Arbeit sollte jedes Paar führen, finde ich, und am besten schon vor der Geburt der Kinder: Wie läuft das ab, wie organisieren wir den Familienalltag, wer geht wann arbeiten? Es ärgert mich, wenn Männer sich da stumm rausziehen und die Erziehung und den Haushalt wie selbstverständlich ihren Frauen überlassen. Väter tragen für ihre Kinder Verantwortung! Und zwar unabhängig davon, ob die Ehe oder die Beziehung Bestand hat. Es ist verdammt nochmal die Pflicht eines Vaters, fürsorglich zu sein, sich zu kümmern, am Leben der Kinder teilzunehmen. Egal, wie es um die Beziehung der Eltern steht und ob sie mittlerweile getrennt oder mit neuen Partnern liiert sind. Auch wenn ich nicht mit meiner großen Tochter zusammenlebe, habe ich ein sehr enges Verhältnis zu ihr, wir lieben uns über alles. Ich habe übrigens null Verständnis für Väter, die spurlos aus dem Leben ihrer Kinder verschwinden oder sich um den Unterhalt drücken! (Daraus könnt ihr gern eine Schlagzeile machen.)

Und ebenso ärgert es mich, dass die tägliche Leistung von Müttern so wenig wertgeschätzt wird. Meine Mama war Hausfrau, hat vier Kinder großgezogen – ist das nichts? Dass Frauen sich heute manchmal regelrecht rechtfertigen müssen, warum sie trotz Baby oder Kleinkind nicht schon wieder Vollzeit »schaffe gehe«, macht mich richtig wütend. Was soll denn diese Frage? Man kriegt doch keine Kinder, um sie von morgens bis abends möglichst spurlos wegzuorganisieren … – Puh. Jetzt bin ich ganz schön in Fahrt gekommen. Als Nächstes vielleicht was harmloseres?

6. Was für ein Papa bist du?

Mein Vater Turan hat mich sehr geprägt. Auch ich habe immer diesen Gedanken in mir: Du musst für deine Familie sorgen, komme, was wolle! Und wenn du schon nicht immer da bist, dann stell wenigstens sicher, dass es deinen Kindern an nichts fehlt, dass es ihnen gut geht, dass ihre Talente gefördert werden und sie eine gute Schulbildung bekommen. Ich verwöhne meine Kinder auch ganz gern, das gebe ich offen zu. Meine beiden Jüngeren haben schon die gleichen Tricks drauf wie ich früher. Sie kommen in einem Geschäft zu mir, gucken ganz harmlos. »Papa, ich hab da was Schönes gesehen – darf ich dir's zeigen?« »Ja, klar.« »Guck hier, Papa.« Sie zeigen auf die Puppe / das Spielzeug / die CD. »Sehr schön.« »Kann ich mir das wünschen, Papa? Zum nächsten Geburtstag?«

In dem Moment habe ich schon verloren. Ich bringe es nicht übers Herz, nein zu sagen, sondern kaufe ihnen das Gewünschte meistens sofort. Meine Frau ist da viel konsequenter. Auch was das Thema Süßigkeiten und Fernsehgucken angeht. Radine sagt immer: »Wir können ihnen hin und wieder Dinge erlauben, aber es darf alles nicht selbstverständlich werden.«

Beim Thema Vorsicht bin ich dafür Wortführer. Ich komme ziemlich nach meiner Mama Hilde. Meine Kinder hören oft von mir: »Nicht so schnell! Nicht so weit weg! Halt an! Pass auf! Nicht so hoch klettern!« Ich bin eigentlich konstant besorgt – ein Helikoptervater, der seine Kinder immer beschützen will. Auch wenn ich weiß, dass ich nicht alles von ihnen fernhalten kann. Man müsse sie auch mal machen lassen, sagt Radine. »Das ist wichtig für ihr Selbstbewusstsein.« Theoretisch verstehe ich das, aber mein Impuls im Alltag ist ein anderer.

7. Mal ganz anderes Thema: Auf welchen Frauentyp stehst du?

Ich kann diese Frage nur theoretisch beantworten, denn ich habe meine Traumfrau gefunden und bin definitiv nicht mehr auf der Suche. Den aktuellen Schönheitswahn, der von den sozialen Medien befeuert wird, finde ich jedenfalls sehr problematisch. Was soll daran schön sein, wenn du dein Gegenüber gar nicht mehr erkennen kannst vor lauter Instagram-Filtern? Kardashian-Style, Rundum-Operationen, aufgespritzte

Lippen, Gummibrüste, blondierte Barbiepuppen-Optik, das ist alles überhaupt nicht mein Ding. Ich mag echte Menschen! Gern mit wunderbar weiblichen Rundungen – und einem »Poppes«, hinter dem man sich verstecken kann. Worauf ich aber noch viel mehr achte als auf Äußerlichkeiten: ob eine Frau warmherzig und klug ist und ob man sich mit ihr tiefsinnig unterhalten kann.

8. Angeblich hast du einen Fußfetisch.

Gut, dass wir das ansprechen, das ist ein wirklich relevantes Thema, das die Welt tief bewegt. Ich erzähle tatsächlich manchmal in der Öffentlichkeit, dass ich auf schöne Frauenfüße stehe. Die Geschichte dazu fängt in den frühen 1980ern an, man könnte sagen, sie *fußt* in meiner Kindheit, haha. Meine Schwester Anya hat mir, ihrem kleinen Bruder, schon früh erklärt: »Wenn du mal groß bist, dann starr den Mädchen nicht auf die Brüste. Das mögen die nicht.« Anya war damals ein Teenager und hat sich oft über die Blicke von Männern geärgert. Deshalb wollte sie ihren Bruder rechtzeitig sensibilisieren. Sie schlug vor, dass ich mir ein anderes weibliches Körperteil aussuche, auf das ich gucken könnte. Ein unverfänglicheres. »Zum Beispiel Füße.« Daran habe ich mich gehalten. Bis daraus eine Vorliebe wurde: In der Tat finde ich schöne Frauenfüße sehr anziehend. Nur makellose Zähne beeindrucken mich noch mehr (weil ich selbst – trotz sorgfältiger Pflege – ständig Probleme mit meinen Zähnen habe). Als ich Radine gerade kennengelernt hatte, erzählte ich Ali ganz begeistert: »Stell dir vor, sie hat nicht eine Plombe!« Ali hat mich ziemlich entgeistert angeschaut.

9. Nervt es dich, wenn du in der Öffentlichkeit dauernd erkannt wirst? Sei ehrlich!

Ich setze oft eine Mütze auf, unter der ich die Haare verstecke, und trage eine Sonnenbrille, wenn ich unterwegs bin. Ich denke, ich bin dann quasi inkognito. Meist ein Trugschluss. Ich werde trotzdem überall erkannt, an der Tankstelle, an der Ampel, in der Reinigung. Ich wollte immer berühmt werden und will mich daher über diese Form des Ruhms überhaupt nicht beschweren. Auf der Straße rufen die Leute mir oft einfach »die Hoaar, die Hoaar, die Hoaar« zu oder sie sagen: »Ey, produzier misch net!« Sie beginnen den Dialog mit einem Zitat aus meinen Shows. Das freut mich sehr – und das erwidere ich dann natürlich freundlich. Insofern: Eigentlich mag ich es, dass mich die Leute erkennen.

Die einzige Situation, in der ich nicht so entspannt reagiere: wenn ich mit meinen Kindern unterwegs bin. Wenn wir als Familie auf dem Spielplatz oder auf der Straße ungefragt fotografiert werden, kann ich richtig ungehalten werden. Ansonsten aber liebe ich den Kontakt mit den Fans. Ich mache nicht umsonst seit über 20 Jahren nach jedem Auftritt ausgiebige Autogrammstunden. Generell habe ich immer schon gern Menschen umarmt und Küsschen verteilt – da kommen wieder die Gene meiner Mutter durch. Diese Herzlichkeit ist mir buchstäblich angeboren.

10. Bist du körperlich so fit, wie du aussiehst?

Danke für die Blumen – aber leider: nein. »Ich bin ein Wrack«, sage ich manchmal im Scherz zu Radine. »Dir ist hoffentlich klar, dass du mich später pflegen musst.« Sie lacht und nickt:

»Ja, damit rechne ich.« Aber ich bin wirklich gesundheitlich oft angeschlagen und gehe auch bei den kleinsten Anzeichen von Krankheiten zum Arzt. Dadurch habe ich mittlerweile viele Ärzte im Freundeskreis. Einen leichten Hang zum Hypochonder kann ich ebenfalls nicht leugnen. Schon vor Corona hatte ich immer Angst, mich mit Infekten anzustecken. Wie oft hat sich Ali den Satz von mir anhören müssen: »Hast du gerade *gehustet*?« »Nein, Bülent, ich habe mich nur verschluckt.«

11. Hast du Eigenarten, von denen die Öffentlichkeit bislang nichts weiß?

Ich bin wahnsinnig geräuschempfindlich. Vor allem, was die Essgeräusche anderer Menschen angeht. Wenn neben mir jemand Nüsse knabbert, leide ich Qualen. Wenn jemand in einen saftigen Pfirsich beißt, fühlt sich das an wie Folter. Auch ganz schlimm: Wenn ich mit jemandem telefoniere, der Kaugummi kaut. Im Auto darf meine Frau keinen Apfel neben mir essen, das halte ich psychisch nicht aus. Wenn ich mit anderen am Tisch sitze und selbst mitesse, geht es. Nur bei kleinen Kindern machen mir Essgeräusche nichts aus. Es gibt eine Bezeichnung für dieses Syndrom: Misophonie. Vielleicht ist das die Kehrseite meines guten Gehörs, durch das es mir immer sehr leichtfiel, Dialekte und Stimmen nachzuahmen. Wer weiß … Wegen meiner Geräuschempfindlichkeit bin ich jedenfalls manchmal ein schwieriger Gast. Ich habe nachts im Hotel schon den Portier kommen lassen, weil die Klimaanlage komisch rauschte oder die Klospülung im Bad leise nachlief. Was ich allerdings niemals machen würde, wirklich nie-nie-niemals: mich über Kinder beschweren. Ich bin früher regelmäßig Langstreckenflüge geflogen. Nicht selten mit einem weinenden Baby oder schreienden Kleinkind an Bord. Was soll's, dann kommt man halt müde an seinem Zielort an. Niemals würde ich den Eltern genervte Blicke zuwerfen oder sie auffordern, ihr Kind gefälligst zu beruhigen. Und ich könnte ausrasten, wenn andere Passagiere das tun. Die Eltern sind doch ohnehin gestresst genug! Übrigens: Auch in der Business Class können und dürfen Kinder neben dir weinen. Du hast einen Sesselplatz, kannst beim Fliegen liegen, kriegst Getränke und Essen serviert und Ohrstöpsel gratis oben drauf. Hau sie dir rein, und halt die Gosch! Wer Geräusche von Kindern nicht aushalten kann, soll Privatjet fliegen. Oder zu Hause bleiben.

12. Was war die bekloppteste Sache, die dir je auf der Bühne passiert ist?

Als ich noch eine Heavy-Metal-Band hatte, habe ich mir mal beim Headbanging an meinem eigenen Knie die Nase gebrochen. Es hat ziemlich geblutet – das Publikum fand's krass. Hinterher musste ich mir die Nasenscheidewand operieren lassen.

13. Welche Musik hörst du privat?

Techno jedenfalls nicht, Techno macht mich irre. Ansonsten bin ich gegenüber vielen Musikrichtungen aufgeschlossen. Ich kann auch mal Pop, Hip-Hop oder Soul hören. Aber darauf tanzen? Schwierig. Mein Herz schlägt nun mal für Rockmusik. Mit 15, 16 Jahren fing das an, damals habe ich viel Grunge gehört, Nirvana, Pearl Jam, Alice in Chains und Stone Temple Pilots. Später dann Korn und Metallica, klar. System of a Down und Tool gehören auch zu meinen Lieblingsbands. Klassik mochte ich ebenfalls schon als junger Mensch, vor allem Schubert. Mit Schlager hatte ich lange gar nichts am Hut, aber dann lernte ich mehr und mehr Leute aus der Szene kennen, die super nett sind. Musikalisch stehe ich heute auf dem Standpunkt: leben und leben lassen. Ich hätte nie gedacht, dass ich mal »Atemlos durch die Nacht« in einer Heavy-Metal-Version singe. Aber als mein Gesangscoach bei *The Masked Singer* das vorschlug, dachte ich: Warum nicht? Und dass mich Helene Fischer kurz darauf in eines ihrer Live-Konzerte einlud, um den Song mit mir zusammen zu performen – das war für mich wirklich ein Bühnen-Highlight.

14. Apropos Bühnenleben:
Rauchst du, trinkst du, nimmst du Drogen?

Das ist schnell beantwortet. Ich bin ein echter Kamillentee-Rocker: Ich habe bisher keine einzige Zigarette in meinem Leben geraucht und noch nie irgendwelche Drogen genommen. Ab und zu trinke ich ein Glas Weißwein. Aber niemals während einer Tour, höchstens bei der Abschlussfeier. Mit Sekt stoße ich manchmal bei besonderen Anlässen an; Bier vertrage ich gar nicht, da kriege ich so ein allergisches Kratzen im Hals. Maximal trinke ich ein Radler mit viel Limonade drin. Rauschzustände reizen mich grundsätzlich nicht; ich verliere nicht gern die Kontrolle. Als Teenager war ich mal neugierig und habe bei einer Silvesterparty meiner Schwester Campari pur probiert. Heimlich leerte ich eine Flasche auf dem Balkon, obwohl ich den Geschmack ekelhaft fand. Erst merkte ich nichts, doch dann riss der Campari mir die Füße weg. Ich hing den Rest der Nacht kotzend über der Kloschüssel und hatte am nächsten Tag den schlimmsten Kater der Welt. Nie wieder, schwor ich mir damals. Ganz durchgehalten habe ich das nicht, aber ich kann meine Besäufnisnächte an einer Hand abzählen.

15. Warst du nach dem Abi bei der Bundeswehr?

Ich wurde nach dem Abitur zur Musterung bestellt, habe aber gleich gesagt, dass ich verweigern und Zivildienst machen werde. Über ein Jahr war ich bei den Mannheimer Johannitern im Mobilen Sozialen Hilfsdienst. Wir fuhren zu alten Leuten, brachten sie zum Arzt und begleiteten sie wieder nach Hause. Manchmal legten wir auch bei der Hausarbeit mit Hand an. Ich habe schöne Erinnerungen an einige der älteren Menschen, viele waren sehr nett zu uns Zivis. Mit einer Dame musste ich immer symbolisch Hochzeit feiern. Sie war schon über 80 und liebte den Hochzeitsmarsch. Wenn ich ihr den vorsang – »Daaa-da-tadaaa, daaa-da-tadaaaa« –, war sie glücklich.

Wir sahen aber auch viel Leid. Einmal kam ich mit einem Zivi-Kollegen zu einer über Neunzigjährigen, die von ihrer Tochter gepflegt wurde. Auch die Tochter war schon Rentnerin und hatte ihr gesamtes Leben der Betreuung der Mutter geopfert. Eines Morgens saß die Mutter tot in ihrem Rollstuhl, vermutlich ein Herzstillstand. Die Tochter wollte das nicht wahrhaben. Als wir schon in der Wohnung standen und die Verstorbene in Augenschein genommen hatten, betonte sie immerzu: »Die Mutti schläft nur!« Ich versuchte, die Tochter zu beruhigen und gleichzeitig die tote Mutter aufs Bett zu legen und den Arzt zu verständigen. »Nein, nehmen Sie mir die Mutti nicht weg, nur ein paar Stunden noch soll sie hier bleiben!«, schrie die Tochter. Das ging mir sehr nah.

Insgesamt war der Zivildienst eine absolut prägende Zeit für mich und sicher eine der sinnvollsten Phasen in meinem Leben. Ich hatte das Gefühl, Menschen wirklich zu helfen, unmittelbar etwas Gutes zu tun. Seitdem weiß ich, wie wichtig pflegerische Berufe sind. Deshalb plädiere ich dafür, dass die Menschen in der Alten- und Krankenpflege viel mehr verdienen müssen. Das habe ich übrigens schon vor Corona gesagt! Es ärgert mich, dass es erst etwas so Schlimmes wie eine Pandemie braucht, damit die Gesellschaft die Systemrelevanz dieser Berufe erkennt.

16. Bist du eigentlich gläubig?

Dazu muss ich etwas ausholen. Das mache ich lieber in einem extra Kapitel.

17. Gehörst du einer geheimen Sekte an, oder bist du anderweitig an der großen Weltherrschaftsverschwörung beteiligt?

Kein Witz, diese Frage wurde mir schon gestellt. Genauer gesagt wurde es auf Social Media einfach behauptet. Das kam so: Ich war 2019 bei der *Sendung mit der Maus* im WDR zu Gast. Ali und ich spielten als Hexenmeister und Zauberlehrling in Müllabfuhrklamotten Goethes berühmtes Gedicht nach. Die moderne Version, sehr lustig: »Walle! Walle /

Manche Strecke, / Dass, zum Zwecke, Wasser fließe / Und mit reichem, vollem Schwalle / Zu dem Bade sich ergieße.« Die Kostüme hatte der Sender besorgt, ich trug zu weißem T-Shirt und orangefarbener Latzhose ein silbernes Amulett mit einem mystischen Zeichen um den Hals. Sofort hagelte es im Netz Kommentare von Verschwörungstheoretikern: »Wir haben es schon immer gewusst: Der Türk gehört zum Kreis der heimlichen Weltbestimmer! Nun haben wir den Beweis, dass er ein Illuminat ist!«

Das waren jetzt schon ziemlich viele Fragen. Eine letzte vielleicht noch?

18. Gut, letzte Frage: Hast du schon mal live im Fernsehen geweint?

Ja, habe ich. Im Herbst 2020 im Rateteam bei *The Masked Singer*. Das hatte mit einem Lied zu tun, das mich an meine große Tochter erinnert hat. Sie lebt weit weg, und ich konnte sie wegen Corona lange nicht sehen. Das zerreißt mir das Herz.

15 Vater Moslem, Mutter katholisch

Bevor ich auf die Bühne gehe, habe ich ein kleines Ritual. Ich bete. Ich spreche im Stillen ein paar Worte, ich bitte darum, dass wir alle gesund bleiben und dass Gott meine Familie beschützen möge. Dann trete ich ins Scheinwerferlicht und mache den Witz: »Vadda Moslem, Mudda katholisch – und was kommt dabei raus? Evangelisch!« Die Leute lachen darüber. Dabei ist es mir genauso ergangen.

Ich lege jetzt mit einem sehr persönlichen Kapitel los. Doch zuvor muss ich etwas klarstellen: Ich akzeptiere wirklich jeden Menschen und jeden Glauben (Sekten wie Scientology mal ausgenommen). Was für mich immer gezählt hat und immer zählen wird, ist nicht die religiöse Schublade, in die ich jemanden stecken kann. Sondern allein der Mensch und sein Verhalten. Was nützt mir der sittenstrengste, dogmatischste Gläubige, der von morgens bis abends betet – aber gegenüber seinen Mitmenschen ein Arschloch ist? Dass viele Religionsgemeinschaften Dreck am Stecken oder sogar im Namen Gottes schlimmes Unheil angerichtet haben, weiß ich auch. Um Beispiele zu finden, muss man leider gar nicht weit in die Vergangenheit zurückgehen.

Trotzdem habe ich meinen Weg zum christlichen Glauben gefunden. Deshalb bin ich aber noch lange nicht der Meinung, dass andere es mir gleichtun sollten. Nichts liegt mir ferner als Missionieren. Manchmal diskutiere ich mit Freunden offen über Gott. Mein Freund Stoffel zum Beispiel sagt immer, er sei Atheist. Dann frage ich ihn:

»Stoffel, glaubst du an die Liebe?«

»Ja, klar. Warum?«

»Glaubst du, dass die Liebe nur aus profanen biochemischen Reaktionen im Hirn besteht?«

»Nein.«

»Du hältst die Liebe also *nicht* für restlos naturwissenschaftlich erklärbar?«

»Worauf willst du hinaus, Bülent?«

»Na, wenn du an die Liebe glaubst, dann glaubst du auf eine Art auch an Gott! Denn Gott ist Liebe.«

Stoffel runzelt dann die Stirn – und sieht nur mäßig überzeugt aus.

Auch Ali war zunächst verwundert, dass ich mich mit über 40 Jahren noch habe taufen lassen. Manchmal stichelt er ein bisschen: »Was' los, Bruda, habe ich dich nicht zum Islam bekehren können?« Dann stichel ich zurück: »Was' los, Bruda, willst du nicht doch auf meine Seite kommen?« Aber natürlich könnte sich das Thema Religion nie ernsthaft zwischen uns schieben.

Trotzdem war die Entscheidung für mich gut und richtig. Ich habe mich lange wie ein Suchender gefühlt. In dem Glauben an die Trinität – Vater, Sohn Jesus Christus und Heiliger Geist – habe ich einen Sinn gefunden. Mir gibt der christliche Glaube Kraft und Motivation. Trotzdem würde ich jederzeit aufstehen, um die Glaubensfreiheit anderer zu verteidigen und zu schützen. Mein Name als Komiker stand schon immer für Vielfalt, und ich liebe es, dass Deutschland religiös und kulturell so vielfältig ist!

Irgendwie vage geglaubt habe ich schon als Kind. Insgesamt bin ich eher christlich als muslimisch aufgewachsen. In der Familie Ceylan wurden selbstverständlich Weihnachten und Ostern gefeiert. Ramadan oder Opferfest kannte ich zwar von meiner türkischen Verwandtschaft, es spielte aber in meiner Kindheit auf dem Waldhof keine Rolle. Schon vor meiner Geburt hatten Hilde und Turan sich geeinigt, mich nicht taufen zu lassen. »Der Junge soll sich selbst entscheiden«, beschlossen sie. Eine sehr moderne Einstellung, finde ich. Zwar hat meine Mutter später bei meiner Taufe einen Schwall Glückstränen vergossen und zugegeben, mit meinem Bekenntnis zu Gott, dem Vater, dem Sohn Jesus und dem Heiligen Geist sei einer ihrer größten Herzenswünsche in Erfüllung gegangen. Aber damals in den späten 1970ern zogen meine Eltern die Konsequenzen aus ihrer interreligiösen Ehe und ließen ihrem Kind die freie Wahl. Es gab zu Hause bei uns keinerlei Gezerre um das Thema, keinerlei Versuche, den Sohn auf die jeweils eigene Seite zu ziehen. Meine Eltern übten keinen Druck auf mich aus, stellten weder die eigene Religion besonders positiv dar, noch kritisierten sie die Religion des anderen. Nicht einmal unterschwellig! Weil ich diesen toleranten, offenen Umgang von zu Hause gewohnt war, habe ich mich später immer als Vermittler zwischen den Religionen gesehen.

Auf der Bühne, in der Figur des Hasan zum Beispiel, benutze ich gern arabische Begriffe wie »Mashallah«. Ein wunderschöner Ausdruck, der Wertschätzung vermittelt und wörtlich bedeutet: so, wie Gott es erschaffen hat. Oder »Hamdala«: Gott sei Dank. Oder »Inshallah«: So Gott will. Manche sind der Meinung, es stehe mir als Halbtürke nicht zu, diese Worte in den Mund zu nehmen – weil ich kein Moslem bin und nicht mal die Sprache meiner väterlichen Vorfahren spreche. Ich sehe das anders. Warum sollte ich meinen Vater Turan und den muslimischen Einfluss in meinem Leben verleugnen? Nur, weil ich mittlerweile ein Christ bin?

Als mein Vater vor über 60 Jahren nach Deutschland kam, hatte er übrigens nicht das Gefühl, dass in der neuen Heimat aus seiner Religion ein großes Thema gemacht wurde. Niemand habe sich dafür interessiert, erzählte er immer. Seine Freunde im Kegelverein oder in der Kleingartenkolonie gaben ihm nie das Gefühl, dass er als Moslem nicht dazugehören könne. Wir haben uns darüber später oft unterhalten. Vielleicht lag es daran, dass der Islam damals nicht automatisch mit radikalen Islamisten oder islamistischem Terror gleichgesetzt wurde. Seit den Nullerjahren hat sich in dieser Hinsicht einiges zum Schlechten verändert. Die Vorurteile gegenüber Muslimen wuchsen seitdem eher, als dass sie verschwanden.

Ich kenne so viele tolle Menschen, die an Allah glauben. Auch viele muslimische Männer, die Frauen ehren, schätzen und auf Händen tragen. Genau wie mein Vater es mit meiner

Mutter getan hat. Schon deshalb kann ich mit pauschalen Urteilen über die angebliche Frauenfeindlichkeit oder die Machokultur »der Muslime« nichts anfangen. Die Rechtspopulisten, die so reden, gehen mir alle auf den Sack, alle! Wo ist denn bei solchen hetzerischen Haltungen die Nächstenliebe? Christliche Werte sehe ich bei Populisten jedenfalls nicht.

Moment mal, wie bin ich jetzt auf Rechtspopulismus gekommen?

Ich wollte doch über meinen Glauben reden.

Wenn Atheisten zu mir sagen: »Du machst es dir mit deinem Gott einfach, weil du nicht weiterdenken möchtest«, dann erwidere ich: »Ja, das stimmt.« Ich mache es mir auf eine Art leichter. Weil ich nicht mehr verrückt werde beim Grübeln. Weil ich mir nicht mehr den Kopf zermartere: »Was bedeutet das alles, was ist der Sinn des Daseins, was kommt nach dem Tod?« Für die meisten Menschen auf dieser Welt ist die Religion ein Halt. Für mich ist vor allem der Gedanke tröstlich, dass der Tod nicht das Ende ist.

Auf eine andere Art mache ich es mir aber auch schwer. Denn der Glaube beantwortet keineswegs alle Fragen. Im Gegenteil. Ich habe in den letzten Jahren festgestellt, dass zwei Dinge für mich besonders herausfordernd sind. Erstens: überhaupt zu glauben. Weil die Gedanken und Zweifel nicht aufhören, im Kopf herumzurattern. Zweitens: weiter zu glauben, auch wenn etwas unfassbar Schlimmes passieren würde. Wie halten es zum Beispiel Eltern aus, ein Kind durch Unfall, Krankheit oder ein Verbrechen zu verlieren, ohne sich anschließend in ihrer Trauer von Gott abzuwenden? Das frage ich mich wirklich. Meine allergrößte Sorge gilt immer meinen Kindern. Ich weiß nicht, ob mein Glaube stark genug wäre, nach einem Schicksalsschlag weiter an einen allmächtigen, guten Gott zu glauben.

Ernsthaft – das hier soll das Buch eines Komikers sein?

Ich hoffe, ihr seid nicht allzu enttäuscht, dass ich auch über solche Dinge schreibe. Vor einigen Jahren haben mich diese Fragen noch viel intensiver beschäftigt. Damals hatte ich gerade Antonio kennengelernt. Er ist Pastor in Wiesbaden und hat Radine und mich getraut. Ein unglaublich zugewandter, lieber Mensch: Schon bei unserem Ehe-Vorgespräch sprang zwischen ihm und mir sofort ein freundschaftlicher Funke über. Antonio ist gebürtiger Berliner, stammt aus einem rumänischen Elternhaus und musste schon von Jugend an Erfahrungen mit Gewalt und der Alkoholsucht seines Vaters machen. Er spricht offen über die seelischen Verletzungen, die er als Kind und junger Mensch erlitten hat. Dazu gehören Mut und Stärke, finde ich. »Wenn wir unsere Schmerzen und Narben zeigen, machen wir uns nahbar«, hat er mal zu mir gesagt. »Das sollte der Schlüssel sein in allen unseren Beziehungen. Sonst baust du als Mensch eine Mauer um dich herum. Dann ist zwar alles shiny und instagramtauglich – aber es bleibt alles nur an der Oberfläche.« Weise Worte, oder?

Auf den ersten Blick sieht Antonio nicht aus, wie man sich einen Pastor vorstellt: Er ist tätowiert, trägt Dreitagebart und Undercut. Wenn er aber spricht, spürt man sofort die Wärme in seinem Wesen. Ich habe ihn genau im richtigen Moment kennengelernt. Ich hatte damals so viele Fragen zum

Thema Glauben, war zugleich neugierig und skeptisch. Er nahm das absolut ernst. Manchmal schickte ich ihm zehnminütige Sprachnachrichten, mit allem, was mir gerade über Gott und die Welt durch den Kopf ging. Buchstäblich. Antonio setzte sich hin, schrieb sich Stichpunkte raus, dachte nach, diskutierte teilweise sogar noch mit anderen Theologen und antwortete mir dann nach einigen Tagen in ebenso langen Sprachnachrichten. Das hat mich echt beeindruckt. Trotzdem betonte er immer, dass unsere Freundschaft völlig unabhängig sei von der Frage, ob ich an Gott glauben wolle oder nicht.

Die Gespräche mit Antonio dauerten schon eine ganze Weile an, als die Fragen in meinem Kopf immer bohrender wurden. Ist da ein Gott? Kann ich, will ich an ihn glauben? Ich erinnere mich an einen Abend, ich war mal wieder allein in einem Hotelzimmer, als mich diese innere Suche richtig verzweifeln ließ. Bis ich mir irgendwann nicht mehr anders zu helfen wusste, als mich hinzuknien. Zwischen Hotelbett und Fernseher. »Lieber Gott, gib mir bitte ein Zeichen.« Ich fühlte mich so schwer, so *beladen*, wie es in der Bibel heißt. War da jemand, der die Last von meinen Schultern nehmen konnte? Der mir den Weg zeigen würde?

»Lieber Gott«, murmelte ich, »ich übergebe dir meine Sorgen, meine Ängste, meine Probleme. Ich fühle mich so überfordert. Bitte hilf mir.«

Auf einmal, ich war immer noch auf meinen Knien, veränderte sich etwas in dem Zimmer. Ich kann es nicht erklären. Es fühlte sich an wie eine Präsenz. Wie eine Antwort. Als sei Gott ganz nah bei mir.

Kurz darauf rief ich Antonio an.

»Antonio, ich will mich taufen lassen.«

P. S. Ich bin übrigens immer noch nicht der Typ, der jeden Sonntag zum Gottesdienst geht. Aber ich lese gern die Bibel und bete regelmäßig. Und am Tisch danken wir mit den Kindern Gott für Speis und Trank. Aber meistens halten wir uns einfach an den Händen und sagen: »Piep, piep, piep, wir hab'n uns alle lieb.«

16 Achterbahnfahrten

Erfolg hat eine gefährliche Nebenwirkung. Er steigt zu Kopf. Ich neige überhaupt nicht zur Überheblichkeit; außerdem bin ich durch mein Team immer sehr geerdet gewesen. Trotzdem gab es ein paar wenige Momente vor einigen Jahren, da trug ich die Nase vielleicht doch eine Spur zu hoch. Bei einer Preisverleihung rutschte mir in meiner Dankesrede mal die Formulierung raus, ich hätte den Preis »verdient«. Das war mir hinterher ziemlich unangenehm.

Das andere Problem mit dem Erfolg: Es wird schwerer, etwas zu finden, wonach man noch streben möchte. Ich hatte 2012 alles erreicht, was man als Komiker erreichen kann. Mehr als volle Stadien geht nicht. Oder Fernsehshows zur besten Sendezeit. Irgendwann kann man es nicht mehr steigern. Zugleich war das eine Phase, in der es mir privat nicht gut ging. Mein Vater war gestorben, meine erste Frau und ich hatten uns getrennt. Oft war ich nur auf der Bühne glücklich. Sobald das Scheinwerferlicht erloschen war, saß ich alleine im Hotelzimmer. Grübelte. War einsam. Fühlte Sehnsucht.

Manchmal sagte Ali damals scherzhaft während der Autogrammstunden:»Du weißt schon, dass du einen ganzen Bus mit Groupies vollkriegen würdest, wenn du wolltest.« Ich hatte tatsächlich auch meine wilden Zeiten, aber ich war doch nie wirklich der Typ für One-Night-Stands. Ich fühlte mich nicht wohl mit unverbindlichen Begegnungen; ich hatte immer das Gefühl, mit dem Sex ein Stück Seele wegzugeben.

Ich war und bin durch und durch ein Familienmensch; ich wollte die Eine, die Richtige finden, mit ihr eine Familie gründen und gemeinsam alt werden. Würde ich ihr je begegnen? Und wenn ja, wann und wo?

Natürlich genoss ich die berufliche Anerkennung von allen Seiten. Den anhaltenden Applaus. Die Einladungen und Ehrungen. Aber komischerweise nahm trotzdem der Druck nicht ab, den ich mir selbst machte. Obwohl ich nun schon eine Weile auf der Welle des absoluten Megaerfolgs schwamm, obwohl ich ständig mit neuen Programmen Premiere feierte und anschließend monatelang tourte, obwohl die Arenen verlässlich ausverkauft waren und der Zuspruch der Fans bombastisch war – ich spürte weiterhin Anspannung. Wie lange würde das so funktionieren? Wie lange würde ich dieses Niveau halten können? Und was würde danach kommen?

Vielleicht sollte ich an dieser Stelle noch mal ein paar Worte zur deutschsprachigen Comedyszene einfügen. Wer uns Komiker und Komikerinnen nur aus dem Fernsehen oder von der Bühne kennt, kann sich oft nicht genau vorstellen, wie es hinter den Kulissen zugeht. Lachen die alle die ganze Zeit? Sind die permanent zusammen am Rumalbern und durchgehend gut gelaunt? Manchmal schon, aber nicht zwangsläufig. Es gibt in der Szene zwar viel gegenseitige Unterstützung und langjährige Freundschaften – aber es gibt punktuell auch Neid und Missgunst. Das hat sicher damit zu tun, dass unser Beruf teilweise schwierige Charaktere anzieht. Manchmal mit Hang zu Arroganz und Größenwahn, manchmal mit Hang zu Melancholie und Depression, manchmal mit Hang zu Alkohol und Drogen.

Von all dem versuchte ich, mich konsequent fernzuhalten. Auch nach meinem Durchbruch gab ich mir größte Mühe, jüngeren wie älteren Kolleginnen und Kollegen freundlich, verbindlich und respektvoll gegenüberzutreten. Genauso wie den Crews, dem Publikum, der Presse … einfach jedem Menschen. Außerdem wollte ich – nun, da ich endlich in der Position war – unbedingt andere Newcomer unterstützen. Ich wusste schließlich, wie wichtig es ist, dass jemand dein Potenzial erkennt und dir eine Chance gibt. In der *Bülent Ceylan Show* und bei *Bülent & seine Freunde* haben einige der heutigen Comedystars ihre ersten TV-Auftritte vor einem Millionenpublikum absolviert, und darauf bin ich durchaus ein bisschen stolz. Es macht mich glücklich, anderen Türen zu öffnen oder die öffentliche Aufmerksamkeit auf ihr Talent zu lenken.

Eine der schönsten Anekdoten zum Thema gegenseitiger Support spielt im November 2017 in Berlin. Ich stand an dem Abend im Tempodrom auf der Bühne. Direkt nebenan trat zeitgleich Tan Caglar auf. Für alle, die ihn noch nicht kennen: Tan ist ein wunderbarer deutschtürkischer Kollege, sehr gutaussehend, der im Rollstuhl sitzt und seit ein paar

Jahren mit seinem Programm tourt. Wir trafen uns kurz vor den Shows und uns kam spontan die Idee, ob wir nicht für zehn Minuten Bühnen tauschen wollten. Direkt am Anfang unserer Shows. Er würde bei mir vor 4000 Leuten in der großen Arena auftreten, ich bei ihm vor 400 Leuten in der kleinen Arena. Die Überraschung gelang uns perfekt! Denn damit hatte unser jeweiliges Publikum natürlich überhaupt nicht gerechnet.

Später hat Tan aus dem Bühnentausch sogar einen Gag gemacht. Er erzählte, wie enttäuscht die weiblichen Bülent-Fans in den hinteren Reihen des Tempodroms gewirkt hätten, als er auf meine Bühne kam. Sie hielten ihn von weitem für mich und hätten gleich losgejammert: »O nein, Bülent! Was ist passiert?« Der Gag geht dann so weiter: Er, Tan, habe daraufhin gedacht, sie meinten den Rollstuhl. Der arme Bülent – gelähmt? Aber nein, das sei es gar nicht gewesen. Der Rollstuhl war den Fans komplett egal. Aber sie hätten ganz laut von hinten reingerufen: »Bülent, warum hast du dir bloß die Haare *abgeschnitten*?«

Super Pointe, oder? Und ich finde es toll, wie Tan es schafft, dem Thema Behinderung die Schwere zu nehmen.

Wenn wir schon dabei sind: Reden wir doch mal über Humor. Hat er sich in den letzten Jahren verändert? Darf man heute über weniger Dinge Witze machen? Und wenn ja, ist das eine gute oder eine schlechte Entwicklung? Ich habe oft nicht nur die Deutschen und die Türken, sondern auch andere Nationalitäten auf die Schippe genommen. Dass man dabei auf Klischees über bestimmte Länder zurückgreift, ist doch klar. Manche Zuschauer erwarten das regelrecht – und fühlen sich diskriminiert, wenn sie *nicht* vorkommen. Einmal sprach mich nach der Show ein Mann an: »Warum hast du heute gar nicht über uns Italiener geredet?« Manchmal stelle ich – wie in den Mompfred-Nummern – auch gängige Vorurteile dar, um sie dann zu entlarven und zu brechen. Aber ich habe meine Auftritte immer mit der klaren Botschaft verknüpft, dass ich gegen jede Form von Rassismus bin.

Trotzdem hat sich in der letzten Zeit etwas verändert, nicht erst durch die Black-Lives-Matter-Bewegung. »Wer hat Angst vorm schwarzen Mann?« – solche Sätze würde ich heute nicht mehr auf einer Bühne sagen, auch nicht als ironisches Zitat eines Kinderspiels. Meine Comedy soll nicht dazu führen, dass sich einzelne Zuschauer im Saal unwohl fühlen. Es kommt bei Gags nicht nur auf die Atmosphäre und den Gesamtzusammenhang an, sondern auch auf den Absender. Es macht einen Unterschied, ob Tan Caglar einen Witz über Rollstühle macht – oder ob ich den machen würde. Auf der anderen Seite darf ich weiterhin Kanakenwitze reißen, schließlich bin ich selbst türkischer Abstammung. Auch Schweizer, Engländer oder Portugiesen, alles stolze Nationen, können ruhig mal durch den Kakao gezogen werden, finde ich. Die Deutschen sowieso, denen gilt ohnehin meine größte humoristische Aufmerksamkeit.

Ganz anders ist es bei unterdrückten und verfolgten Minderheiten. Da sind herabwürdigende Witze unangemessen. Man kann sich als Nicht-Betroffener auch nicht hinstellen und sagen: »Jetzt seid doch nicht so empfindlich.« Ich versuche grundsätzlich, feinfühlig zu sein, und habe für mich einige klare Grenzen gezogen. Ich mache zum Beispiel keine Witze über Kranke oder über Menschen mit Behinderungen. Ich vermeide auch sexistische Witze. (Nur Anneliese darf genüsslich über ihren Ehemann herziehen.) Trotzdem finden sich sicher in meinen früheren Programmen auch vereinzelt Gags, die danebengegangen sind, die damals schon nicht richtig gut waren und die ich heute nicht mehr machen würde.

Comedy polarisiert, keine Frage. Und Humor wird immer ein Balanceakt bleiben. Denn Komiker müssen nun mal frech und respektlos sein. Du kannst es nie jedem recht machen. Es wird immer jemanden geben, der die Augen rollt – oder sich gleich entnervt wegdreht: »Das ist unter meinem Niveau, wenn Harald übers Pupsen unter der Bettdecke redet!« Es gibt beispielsweise Zuschauer, die wollen, dass ich sie von der Bühne aus provokant anspiele. Andere mögen das gar nicht. Weil ich niemanden gegen seinen Willen vorführen will, versuche ich immer, die Fans rauszupicken, bei denen ich eine Lust auf Interaktion spüre. In 90 Prozent der Fälle liege ich richtig. Aber manchmal eben auch falsch. Einmal habe ich eine ältere Frau angesprochen, die mit einem jüngeren Mann in der ersten Reihe saß: »Sagen Sie Ihrem Sohn, er soll net so skeptisch gucke'.« Daraufhin sie: »Das ist mein Mann.«

Tja. Seitdem bin ich mit Verwandtschaftsbezeichnungen vorsichtiger. Aber ich kann auch nicht alles komplett zerdenken, bevor ich den Mund aufmache. Vor allem die Improvisation lebt davon, dass man Sachen wagt. Wenn ich merke, dass ich mit meinem Publikum auf einer Wellenlänge bin, wenn stimmungsmäßig alles passt, lasse ich mich gern in den Moment fallen. Dann weiche ich vom geprobten Text ab und probiere einfach etwas Neues aus. Manchmal entstehen daraus die besten spontanen Gags – und die größten Lacher. Darum geht es doch: Ich möchte mein Publikum immer wieder überraschen.

Doch zurück zu den atemlosen Jahren nach meinem Durchbruch. Ich absolvierte ein unglaubliches Pensum. Spielte, spielte, spielte. Dass das nicht ewig so weitergehen würde, dass die Zuschauerzahlen nicht dauerhaft fünfstellig bleiben könnten, war mir bewusst. Irgendwann würden die Leute denken: »Ja, hat mir gefallen, war wie immer superlustig – aber ich hab jetzt schon vier Shows von ihm gesehen. Vielleicht geh ich nächstes Jahr mal woanders hin.« Ich finde das völlig nachvollziehbar.

Ab 2016, 2017 spielte ich in vielen Städten immer noch vor vier- bis sechstausend Menschen, aber ich füllte die Arenen nicht mehr ständig und überall. Ich beobachtete das damals relativ nüchtern – und beschloss, mit dem eigenen Downsizing aktiv und selbstbewusst umzugehen. Der Plan sah so aus: Die meisten Tickets für Comedyshows werden vor Weihnachten verkauft und dann an Heiligabend verschenkt. Daher macht es Sinn, für den Frühling größere Veranstaltungsorte auszuwählen und im Sommer und Herbst, wenn der Ticketverkauf saisonbedingt nachlässt, in kleineren Häusern aufzutreten. (Übrigens: Die beste Zuschauerzahl liegt meiner Meinung nach zwischen zwei- und viertausend; da ist der Kontakt zwischen Komiker und Publikum noch relativ eng, trotzdem kann man eine richtige Hexenkesselstimmung erzeugen.) Bei meinem Programm »Lassmalache« habe ich den Rhythmus – Frühling groß, Herbst kleiner – das erste Mal ausprobiert.

Was mir dennoch wichtig blieb: dass alle Säle stets ausverkauft waren. Egal, ob ein paar Hundert oder ein paar Tausend Menschen reinpassen – die Reihen sollen bitte voll sein! In meinem Team bin ich bekannt dafür, total auf Auslastungszahlen fixiert zu sein. Ali sagt immer: »Du würdest es noch bringen und bei einer Fluglinie anrufen und nachfragen, ob dein Flug ausgebucht ist. Weil du sonst nicht einsteigst.« Dann muss ich schmunzeln. Vermutlich hat mein Verhalten mit meinen Anfangsjahren zu tun. Ich habe ein Jahrzehnt lang dafür ackern müssen, dass überhaupt mal ein Theater voll war. Massenhaft leere Stühle will ich nur sehr ungern noch mal erleben.

Nach »Lassmalache« war ich froh, diesen halben Schritt rückwärts gewagt zu haben. Man darf dennoch nicht unterschätzen, wie viel psychische Stabilität es dazu brauchte. Ich musste die langsam sinkenden Zuschauerzahlen erst mal mit meiner Eitelkeit und meinem Ehrgeiz vereinbaren. Missmutig auf die jüngere Konkurrenz zu schauen, frisst einen auf. Ich hatte meinen Zenit gehabt, es war eine unglaublich lange und tolle Zeit gewesen – aber jetzt rückten eben andere nach. Das ist nun mal der Lauf der Dinge.

Um 2018 hatte ich dann zum ersten Mal das Gefühl, dass mein berufliches Leben irgendwie stagnierte. 20 Jahre trat ich jetzt schon auf – landauf, landab, wie man so schön sagt. Für immer weiter so? Wie lange würde ich die körperlichen Strapazen des Tourlebens noch durchhalten können? Bis 50? Bis 55? Vielleicht sollte ich mich in Zukunft mehr aufs Fernsehen konzentrieren? Mehr Schauspielerei wagen? In Richtung Moderation gehen …?

Jedenfalls verspürte ich den starken Wunsch, mich zu verändern, mich neu zu erfinden.

Einen ersten Versuch hatte ich bereits gemacht – mit den Dreharbeiten zu meinem Kinofilm *Verpiss dich, Schneewittchen!*, produziert von Constantin Film, der Anfang 2018 in die Kinos kam. Ich spielte die Hauptrolle in dieser Komödie, in der eine multikulturelle Chaostruppe von einer Karriere als Rockband träumt. Der Dreh, bei dem viele Comedians in witzigen Nebenrollen auftraten, lag zwar schon eine Weile zurück, hatte mir aber unglaublich Spaß gemacht. Und ich mochte auch das Ergebnis. An der Kinokasse war der Film dennoch kein großer Erfolg – trotz wochenlanger anstrengender Promo-Tour.

Ich versuchte, es sportlich zu nehmen. Zumal schon das nächste Projekt in den Startlöchern stand. Eine eigene Sitcom für Sat1! (Ich war mittlerweile von RTL zur ProSiebenSat1-Gruppe gewechselt.) Wenn die gut ankäme, könnte man Staffel um Staffel produzieren, bestenfalls mehrere Jahre lang. Darauf hatte ich richtig Lust. In der Sitcom sollte ich einen Friseur spielen, drumherum gab es noch einige feste Rollen. Alle im Team waren voller Begeisterung dabei, als wir die Pilotfolge drehten. Doch dann fiel der Pilot bei der Marktanalyse beim Probepublikum durch. Zu altbacken.

Aus, vorbei, Sitcom abgesagt. Ich war wahnsinnig enttäuscht.

Kurz vor der Sitcom hatte mir Sat1 auch noch eine Spielshow angetragen: *Game of Games*, in den USA ein Quotenhit. Ich freute mich auf die neue Herausforderung. Mit der Moderation einer Quizshow für die ganze Familie hatte ich zwar kaum Erfahrung, aber ich gab mir wirklich Mühe, ließ mich sogar von einem Coach unterstützen. Würde ich es schaffen, die Sendung auch in Deutschland zu einem Erfolg zu machen?

Live auf der Bühne zu stehen ist etwas ganz anderes als vor Kameras in einem Fernsehstudio. Bühne ist Hochleistungssport. Pure Energie. Du spürst die Resonanz im Saal sofort. Bei einer Liveshow kenne ich vorab die Ticketverkäufe und fühle, höre, sehe die Stimmung am Abend im Saal. Das heißt, ich weiß sofort, ob es gerockt hat. Beim Fernsehen verläuft alles sehr zeitverzögert. Aktion und Reaktion fallen zeitlich völlig auseinander. Erst dreht man; Wochen oder Monate später wird gesendet; am Tag nach der Ausstrahlung weiß man, wie es beim Publikum ankam. Kein gutes Gefühl: Jedes Mal war ich extrem nervös und angespannt. *Game of Games* startete zunächst ganz vielversprechend. Ich bekam Glückwünsche von allen Seiten. Doch dann sackte die Sendung Woche um Woche ab. Das deutsche Publikum mochte das Format offensichtlich nicht. Ich zweifelte. Vor allem an mir selbst. War die Entscheidung falsch gewesen? Steckte in mir doch kein Quizmoderator? ProSiebenSat1 stand derweil fest hinter mir: »Wir glauben an dich. Es war einfach noch nicht das richtige Format.« Die bereits fertiggestellten Folgen wurden ausgestrahlt. Aber es folgten keine neuen Dreharbeiten mehr.

Der dritte Misserfolg innerhalb kurzer Zeit. Seit Jahren war ich nur noch Hype und Höhenflug gewohnt – und jetzt das. Zwar liefen die Liveshows weiterhin gut, und meine Umgebung versicherte mir fortlaufend, dass ich immer noch extrem erfolgreich war, aber ich ertappte mich dennoch gelegentlich bei dem Gedanken: Ist meine Zeit nun bald vorbei? Kommt nur noch die lange Fahrt von der Spitze in Richtung Tal? (Aus heutiger Sicht denke ich: Auf ziemlich hohem Niveau gejammert, Bülent.)

In dieser Zeit hielt mich vor allem die Freude meiner Fans von größerem Trübsinn ab. Ihr Lachen war mein Motor. Wenn die Leute weiterhin so viel Spaß hatten, während ich auf der Bühne stand, dann konnte es doch nicht ganz schlecht sein, was ich hier machte … oder? Hinter den Kulissen stellte ich dennoch einige Weichen neu, wechselte mein Management, wechselte meine Autoren, suchte mir einige neue Mitarbeiterinnen und Mitarbeiter. Es war eine Zeit des Umbruchs. Aber, zugegeben, auch eine Zeit der Ratlosigkeit.

Nachdem Quizshow und Sitcom abgesagt worden waren, wusste ich nicht so recht, was ich als Nächstes anpacken sollte. Zum Glück flatterte Anfang 2019 bei meinem neuen Management eine Anfrage rein: Es gäbe demnächst eine mehrteilige Sendung, da würden Promis unter Masken und Kostümen versteckt. Die bis zur Unkenntlichkeit Verkleideten müssten dann Coversongs singen. Währenddessen würde ein Rateteam versuchen, die Identität der Sängerinnen und Sänger herauszufinden. Ob ich Lust hätte mitzumachen?

Ich schaute mir Ausschnitte des amerikanischen Originals auf YouTube an. Total verrückte Kostüme, völlig abgedrehte Show. Aber ob das den Zuschauern in Deutschland gefallen würde? Ich hatte meine Zweifel. Zumal ich gerade erst mit einem anderen, ebenfalls aus den USA adaptierten Show-Format baden gegangen war.

»Welches Kostüm kriege ich denn?«, fragte ich mein Management.

»Die Produktionsfirma würde dich ausnahmsweise komplett in weiß einkleiden«, meinten Dirk und Caroline. »Weil du sonst immer nur 37 Shades of Schwarz trägst. Und sie schlagen vor, dass das Kostüm einen Rock und ganz viele Glitzerapplikationen haben soll, damit sie dich darunter möglichst gut verstecken können.«

»Was soll denn das für eine Figur sein?«

»Ein weißer Rauscheengel mit großen Flügeln.«

Engel – echt jetzt? Ich bat mir ein paar Tage Bedenkzeit aus.

Dann rief ich mein Management an: »Ich mach's. Was hab ich denn zu verlieren?«

Der sechswöchige Dreh fand unter strengster Geheimhaltung in Köln statt. Ich wurde morgens schwarz maskiert vom Hotel abgeholt und abends in gleicher Montur ins Hotel zurückgebracht: Sturmhaube auf dem Kopf, die Augen verdeckt, Handschuhe an, im schlabberigen Jogginganzug, so dass wirklich kein körperliches Detail mich hätte verraten können. Nur am Wochenende durfte ich nach Hause. Die anderen Tage waren mit Kostümanproben, Gesangsproben, Tanzproben gefüllt. Nur wenige Leute sahen mich persönlich, darunter der Gesangscoach und die Kostümbildnerinnen. Vertraglich waren wir alle zu Stillschweigen verpflichtet worden. Das galt auch für Ali, der sich ebenfalls komplett tarnen musste. Wäre er von Fans erspäht worden, wäre ich sofort aufgeflogen.

Einerseits rechnete ich damit, nach ein bis zwei Folgen

rausgewählt zu werden, andererseits wollte ich es wie immer allen beweisen. Ali, der dabei war, während ich Runde um Runde weiterkam, schimpfte im Spaß mit mir: »Typisch, jetzt müssen wir vermutlich bis zum Finale in Köln bleiben, weil du wieder unbedingt gewinnen willst.« Und tatsächlich wurde ich in meinem Engelskostüm am Ende Dritter. Aber das war gar nicht das Wichtigste.

Das Wichtigste war die Musik – die mit einem Paukenschlag in mein Leben zurückkehrte.

Ich sang als Engel Marilyn Manson. Ich sang Metallica. Ich sang System of a Down. Ich sang Rammstein. Ich sang Spice Girls. Ich sang und sang und wollte am liebsten gar nicht mehr damit aufhören.

Manchmal gehen Türen im Leben zu und andere dafür auf. Im Sommer 2019 öffnete sich, völlig unerwartet, eine neue Tür für mich. Durch meine zufällige Teilnahme an einer TV-Show, die ich eher als Verlegenheitslösung und Notnagel gesehen hatte. Plötzlich war das Publikum wieder neugierig auf mich – und zwar nicht nur auf den Komiker, sondern auch auf den Musiker Bülent Ceylan. Die Menschen wollten mich live singen hören. Ich konnte auf der Bühne Comedy *und* Musik kombinieren: ein unbeschreibliches Glücksgefühl. Die Wiederentdeckung der Musik war das Beste, was mir nach 20 Bühnenjahren passieren konnte. Auf einmal war ich wieder ganz nah dran an meinen Wurzeln als jugendlicher Rocker. Meine Liebe für Klänge, Melodien und die Kraft der Musik – alles flammte wieder auf. Hier war er, der Impuls der Selbsterneuerung, nach dem ich in den letzten Jahren gesucht hatte.

Voller Elan warf ich mich Ende 2019 in die Vorbereitungen für mein neues Bühnenprogramm »Luschtobjekt«, mit dem ich ab Januar 2020 auf Tour gehen wollte – samt Gesangseinlagen und Engelsflügeln. Und erstmals hatte ich auch den tumben Thor als neue Figur im Gepäck. Ich hatte ein sehr gutes Gefühl, nicht nur wegen der kraftvollen und emotionalen Songs, die wir ausgesucht hatten. »Luschtobjekt« hatte das Potenzial, meine seit langem stärkste, beste, lustigste, aber auch persönlichste und herzergreifendste Show zu werden. Ich sprach sogar erstmals auf der Bühne über meine Kinder. Auch meine Figuren hatten sich weiterentwickelt – Mompfred war Integrationshelfer geworden, Hasan stolzer Vater von Zwillingen. Alles hatte neue Farben und schärfere Konturen bekommen.

Freudig und aufgeregt wie lange nicht mehr sah ich der Tour entgegen. Das ganze Team fieberte mit mir. Ab Anfang Februar 2020 waren die ersten großen Arena-Auftritte geplant, alle schon ausverkauft, danach wollten wir fast zwei Jahre gemeinsam *on the road* sein.

Doch daraus wurde nichts.

Denn dann kam – Corona.

17 Angekommen

Während des ersten Lockdowns im Frühling 2020 musste meine Mutter auf einmal ins Krankenhaus. Sie fühlte sich nicht gut, irgendwas mit ihrem Herzen schien nicht in Ordnung zu sein. Wir Geschwister merkten, dass die Gründe eher psychischer Natur waren: Hilde, die Zeit ihres Lebens sehr ängstlich gewesen war, hatte große Furcht vor diesem neuartigen Virus. Sie schränkte, wie von der Politik vorgeschrieben, ihre Kontakte massiv ein und verließ ihre Wohnung nur noch, um das Nötigste zu erledigen. So konnte es nicht weitergehen. Meine Schwester und ich nahmen Hilde daraufhin für einige Wochen zu uns nach Hause. Um meine Mutter nicht in Gefahr zu bringen – es gab noch keine Schnelltests, und Hilde gehört wegen ihres Alters zur Risikogruppe –, trugen wir alle in ihrer Gegenwart immer Mundschutz. Aber wir umarmten uns wieder, und ich massierte meiner Mama sogar die verspannten Schultern. Schon nach wenigen Tagen ging es ihr besser. Sie schlief wieder durch, ihr Herz beruhigte sich. Familie, Nähe, Berührung, Liebe – all das hatte ihr so gefehlt.

Mir tun alle Menschen unendlich leid, die diese Pandemie einsam erleben mussten. Weil sie, anders als ich, vielleicht noch nicht ihre große Liebe getroffen haben. Weil sie alleine leben, weil sie vorerkrankt sind, weil sie vielleicht keine Familie, keine Kinder, keine engen Freunde täglich um sich haben. Ich bin Gott jeden Tag dankbar, dass ich vor einigen Jahren meinen Hafen gefunden habe. Denn Radine hat mich, das muss ich jetzt mal so pathetisch sagen, buchstäblich gerettet.

Und jetzt erzähle ich euch endlich, wie alles begann:

Es war wie im Film. Die ganze Situation während unserer ersten Begegnung lief in extremer Zeitlupe vor meinem Auge ab. (Seitdem glaube ich übrigens an die Liebe auf den ersten Blick.) Nur – was macht man, wenn einem das passiert? Und zwar völlig unerwartet passiert, in einer Großstadt in Nordrhein-Westfalen, in der man gerade zufällig und ziellos herumläuft. Ich hatte keine konkreten Pläne für diesen Tag, ich begleitete nur einen Kumpel, der bei einer Bekannten in einem Laden noch etwas abholen wollte. Mein Kumpel war schon ins Gespräch mit seiner Bekannten vertieft, als ich auf einmal eine andere Mitarbeiterin im Hintergrund wahrnahm.

Ich sah sie an – und mein Herz blieb stehen.

Was tun? Ich konnte doch nicht zu dieser unfassbar schönen fremden Frau hingehen und sagen: »Ich habe schon mein ganzes Leben lang nach dir gesucht.« Das wäre richtig Hasan-Style gewesen: Baby, isch hab von dir getrrräumt!

Also versuchte ich es auf die solide deutsche Art. Ich blieb neben meinem Kumpel stehen und wartete, bis wir einander vorgestellt wurden.

»Das ist Bülent, das ist Radine.«

»Hallo.«

»Hallo.«

Das war's. Unsere erste Unterhaltung. Ach nein, ein paar Minuten später verabschiedete ich mich auch noch von ihr.

»Tschüss.«

»Tschüss.«

Nach diesen vier Worten war es bereits komplett um mich geschehen.

Tage später rief ich wieder in dem Laden an.

»Könnte ich mal die Radine sprechen?«

»Moment bitte.«

»Ja, hallo?«

»Ich … äh … war neulich mit einem Freund … bei euch … und …«

»Habt ihr etwas vergessen?«

»Nein … ähm … ich wollte nur fragen, ob wir beide uns mal privat … mal telefonieren oder … vielleicht … verabreden … auf einen Kaffee?«

Ich hätte gern noch einen flapsigen Spruch hinterhergeschoben, ihr mit meiner Schlagfertigkeit imponiert – »*du* bist es, die ich vergessen habe« –, aber alle Gags blieben mir vor Aufregung im Hals stecken. (Heute weiß ich, dass das Radine ohnehin nicht gefallen hätte. Wenn ich zu Hause versuche, besonders lustig zu sein, kommt von ihr regelmäßig der trockene Satz: »Nicht witzig.« Sogar die Kinder hat sie damit schon angesteckt. »Nicht witzig, Papa.«)

Als wir uns kennenlernten, guckte Radine selten Fernsehen, noch seltener zappte sie durch Comedy-Sendungen.

Dass ich deutschlandweit eine gewisse Bekanntheit erlangt hatte, war völlig an ihr vorbeigegangen. Was sie sehr wohl mitkriegte: dass ich immer wieder anrief, mit ihr reden, mich unbedingt auch mit ihr treffen wollte. Sie blieb zunächst sehr zurückhaltend.

Täglich wuchs meine Sehnsucht mehr. Wie sollte ich ihr klarmachen, dass es mir ernst war? Dass ich kein Promi-Schnösel war, der in jeder Stadt eine Affäre hatte und der sie nur als eine weitere Eroberung betrachtete?

Wochen später konnte ich mich nicht mehr zurückhalten: »Ich bin jetzt losgefahren.«

»Du bist was?«

Mittlerweile telefonierten wir schon seit einiger Zeit regelmäßig. Kamen uns langsam näher. Aber auf meine wiederholte Frage nach einem persönlichen Treffen war sie immer noch nicht eingegangen. Anders gesagt: Sie ließ mich zappeln.

»Ich sitze im Auto und fahre zu dir. Ich möchte dich sehen.«

Für einen Moment war Radine sprachlos.

»Ich muss doch noch arbeiten.«

»Dann warte ich solange.«

Wir verabredeten uns am Dortmunder Bahnhof. In rund drei Stunden würde ich dort sein, pünktlich zu ihrem Feierabend. Im Nachhinein ein ziemlich absurd anmutendes Szenario – Treffpunkt Hinterausgang Hauptbahnhof, ein Auto mit getönten Scheiben, darin ein schlecht getarnter Komiker mit schwarzer Mütze und Sonnenbrille. Sicher war es nicht gerade das, was Radine sich unter einer stilvollen ersten Verabredung vorgestellt hatte.

Aber was sollte ich machen? Es ist nicht einfach, eine Frau näher kennenzulernen, gemeinsam essen zu gehen und vorsichtig miteinander zu flirten, wenn man überall erkannt wird. Wenn ständig Fans an den Tisch kommen, nach einem Autogramm fragen – oder wenn manche Leute am Nebentisch sogar heimlich Fotos mit dem Handy schießen. Radine und ich wollten keine Zuschauer. Dafür war das hier alles noch viel zu frisch, zu zart, zu privat.

Sie stieg in meinen Wagen ein, wir blieben auf dem Parkplatz stehen, wir redeten. Irgendwann bekamen wir Hunger. Radine schlug vor, dass wir uns was beim Thai-Imbiss um die Ecke holen könnten.

»Was nimmst du?«

»Chicken Curry. Und ein Wasser bitte.«

Das war dann unser erstes gemeinsames Abendessen: im Auto, mit Plastiktellern auf den Knien.

Die Stunden vergingen, es wurde immer später. In meinem Kopf keimte Hoffnung. Vielleicht würde sie gleich doch vorschlagen, dass wir in ihre Wohnung gehen könnten.

Aber als ob sie meine Gedanken erraten hätte, unterbrach Radine meine romantischen Träume: »Wenn du denkst, hier läuft heute was, nur weil du 300 Kilometer Auto gefahren bist, um mich zu sehen … Das kannst du direkt vergessen.«

Was für eine Frau! Was für eine krasse Offenheit! Ich verliebte mich in dem Moment gleich noch mehr in sie. Und fuhr tatsächlich in dieser Nacht wieder brav zurück in Richtung Mannheim.

Einige Monate später, wir waren mittlerweile ein Paar, lud ich sie zum ersten Mal zu einer meiner Liveshows ein. Ich hoffte natürlich, sie beeindrucken zu können. Doch Radine, die völlig überwältigt war von den Tausenden tobenden Zuschauern im Saal, schreckte der ganze Rummel eher ab. Dass ich derart in der Öffentlichkeit stand, war ihr gar nicht klar gewesen.

Radine ist im Alltag eine sehr selbstbewusste Frau – aber die Aufmerksamkeit von fremden Menschen ist ihr extrem unangenehm. Anders als ich hatte sie nie den geringsten Wunsch, berühmt zu werden. Wenn wir als Paar zusammen in Mannheim oder Heidelberg unterwegs waren und ich ständig stehen blieb, um mit Fans zu reden, dann ergriff sie oft einfach die Flucht. Ging stur weiter. Oder starrte minutenlang auf ihr Handy, als ob da gerade eine wichtige Nachricht angekommen sei. Manchmal musste ich sie in der Fußgängerzone oder in Kaufhäusern regelrecht suchen: »Entschuldigen Sie, haben Sie meine Freundin gesehen …? Sie stand doch gerade noch neben mir.«

Hinterher erklärte sie mir, dass ihr Verschwinden nicht damit zusammenhing, dass sie eifersüchtig war oder die Fans nicht mochte. Im Gegenteil, sie bewunderte deren Mut, mich einfach anzusprechen. Sie habe auch überhaupt nichts dagegen, dass ich die Aufmerksamkeit genieße. »Aber ich selbst komme mit dieser Situation überhaupt nicht klar«, sagte sie.

Besonders allergisch reagierte sie auf Sonderbehandlungen, die man als Prominenter oft ungefragt erhält. Sie wolle nicht bevorzugt werden, sie wolle nicht grundlos Geschenke bekommen, betonte sie oft. Ich mag diese Geradlinigkeit und auch diese Bescheidenheit sehr an ihr. Mit materiellen Dingen kann man Radine ohnehin nicht ködern; daran hängt ihr

216

Herz nicht. Und schon bei unseren ersten Begegnungen hat ihr skeptischer Umgang mit Ruhm sie in meinen Augen nur noch liebenswerter und sympathischer gemacht. (Wenn es nach ihr gegangen wäre, würde sie in diesem Buch gar nicht näher auftauchen, aber den Gefallen kann ich ihr leider nicht tun. Sie ist für mein Leben viel zu wichtig.)

Was uns verbindet, ist unser absoluter Fokus auf die Familie. Radine ist in einem turbulenten Patchwork-Elternhaus groß geworden und hat als Kind in ihrer Umgebung oft Stabilität vermisst. Umso wichtiger ist es ihr, dass unsere Kinder glücklich und behütet aufwachsen. In dieser Frage schlugen unsere Herzen von Anfang an im Gleichklang. Als ich gerade erst mit ihr zusammengekommen war, stellte ich sie gleich meiner Mutter, meinen Geschwistern und meinen Freunden vor. Alle waren sich einig: »Sie ist die Richtige. Ihr seid füreinander geschaffen.«

Selbst die Fans bemerkten damals, dass etwas an mir anders war, obwohl ich über meine neue Liebe nie öffentlich redete. »Du strahlst auf einmal ganz anders, so von innen heraus.« »Man hat das Gefühl, du schwebst auf der Bühne.« Solche Sätze hörte ich plötzlich häufig.

Auch wenn Radine mein Erfolg nie wichtig war – beziehungsweise: auch wenn ich immer wusste, sie liebt mich, egal, wie erfolgreich ich beruflich bin –, hat sie meinen Lebens- und Arbeitsrhythmus von Anfang an mitgetragen. Wenn ich unterwegs bin, kümmert sie sich zu Hause um alles, wirft mir das aber niemals vor. Und: Sie vertraut mir restlos. Genau wie ich ihr. Auch wenn ich während der Tour tagelang nicht nach Hause komme, kontrolliert sie mich nicht. Sie hält sich in diesen Phasen sogar mit Anrufen zurück (außer es geht um die Kinder). Dabei kann sie mich immer und aus jedem Grund anrufen. Aber sie weiß, dass ich während einer Tour ganz schön unter Spannung stehe und kurz vor meinen Auftritten im Kopf oft schon auf der Bühne bin.

Radine nimmt viel Rücksicht auf meinen Beruf. Sie erträgt es, wenn ich mich an Wochenenden oder Feiertagen ins Arbeitszimmer zurückziehe, um meinen Text zu lernen. Sie akzeptiert, dass es in den Wochen vor der Premiere eines neuen Programms kaum ein anderes Thema für mich gibt. Sie beruhigt mich, wenn ich nervös auf die Ticketverkäufe starre. Sie baut mich auf, wenn es mal nicht so läuft, wie ich es mir erhofft habe. Sie ist meine beste Ratgeberin; ich entscheide nichts, ohne sie nach ihrer Meinung zu fragen und mich mit ihr abzustimmen. Radine erträgt meine Sorgen, meine Unruhe, meinen Ehrgeiz, aber auch meine kindlich-albernen Seiten. Und wenn ich im Tourmodus bin, darf ich mich zu Hause aus dem Familienalltag ein Stück weit herausziehen, damit ich für Abendtermine ausgeruht bin. Sie lässt mich sogar bis mittags schlafen, während sie die Kinder zum Kindergarten und zur Schule bringt.

Das alles ist überhaupt nicht selbstverständlich. Das weiß ich – und darum werde ich nicht müde, ihr meine Dankbarkeit für ihre bedingungslose Unterstützung auszusprechen. Meistens lässt sie das geduldig über sich ergehen. Nur wenn ich vor Dritten zu viel von ihren Qualitäten schwärme, bremst sie mich. Denn das ist ihr dann wieder peinlich.

Es ist es mir sehr wichtig, dass unsere Kinder wahrnehmen, wie viel ihre Mutter im Alltag leistet. Nicht nur der Papa arbeitet, wenn er abends auf der Bühne steht und die Leute zum Lachen bringt. Auch die Mama arbeitet. Und hat Stress. Und muss einiges schultern. Obwohl die beiden noch klein sind, möchte ich, dass sie das möglichst früh verstehen und ihren Teil im Haushalt beitragen. Radine bringt es ein bisschen kürzer und pragmatischer auf den Punkt: »Das ist hier kein Hotel. Jeder fasst mit an.«

Seit vielen Jahren ist die Frau meines Lebens jetzt schon an meiner Seite. Und wenn ich sie anschaue, verliebe ich mich immer wieder neu in sie. Ich war nicht immer glücklich auf meinem Lebensweg, es gab viele schwere Momente und mühevolle Jahre. Oft war ich rastlos und auf der Suche nach etwas. Aber das hier fühlt sich an wie ein Vorgeschmack auf das Paradies.

Ich bin wahrhaftig angekommen.

18 Er & Sie

Von meiner Frau und meinen Kindern gibt es in diesem Buch wie gesagt keine Fotos. Aber reinhören bei Radine und mir dürft ihr gern mal. Ich habe den leisen Verdacht, dass wir im Alltag auch nur ein Elternpaar wie viele andere da draußen sind. ;-)

SIE *(kommt nach Hause)*.

ER: Schatz, es hat vorhin zweimal geklingelt.

SIE: Geklingelt?

ER: An der Tür. Heute Morgen, ganz früh.

SIE: Das war die Putzfrau. Hab ich dir doch gestern gesagt.

ER: Hat sie keinen Schlüssel?

SIE: Nein. Hast du aufgemacht?

ER: Nein.

SIE: Warum nicht?

ER: Ich lag noch im Bett.

SIE *(nach einem Augenrollen)*: Unsere Putzfrau kommt übrigens immer dienstags. Seit Jahren.

ER: Das wusste ich nicht.

SIE: Was – dass heute Dienstag ist?

. . .

ER *(öffnet die Kühlschranktür)*: Gibt's Pudding zum Nachtisch?

SIE *(aus dem Esszimmer)*: Steht im Kühlschrank!

ER *(sucht erst, klagt dann)*: Immer kaufst du Vanillepuddings, dabei mag ich nur Schoko. Jetzt stehen hier wieder fünf gelbe und kein einziger brauner Becher.

SIE *(reagiert nicht)*.

ER: Und ich habe den Eindruck, es werden jede Woche mehr Vanillepuddings.

SIE *(stellt sich taub)*.

ER: Und was ich mich seit Jahren frage: Wer bei uns mag überhaupt Vanillepuddings?

SIE: Alle außer dir.

. . .

SIE *(durchsucht den Obstteller)*: Wo sind denn schon wieder die ganzen Bananen?

ER: Wo sollen die sein – in meinem Quark. Man muss drei bis vier Bananen reinmatschen, damit es gut schmeckt.

SIE: Du kannst doch nicht vier Bananen auf einmal essen!

ER: Warum nicht?

SIE: Da kriegt man Verstopfung.

ER: Drauf geschissen.

. . .

ER: Schatz, du hast wieder überall Licht angelassen.

SIE: Wenn es mit den Kindern morgens schnell gehen muss, kann ich nicht auch noch darauf achten. Außerdem: Dieses Haus hat gefühlt Tausende Lampen und Lichtschalter.

ER: Andere Frauen fänden das toll, so ein großes Haus.

SIE: Du hast dich aber in mich verliebt, erinnerst du dich?

ER: Stimmt. Trotzdem muss man das Licht hinter sich ausmachen.

SIE: Dann mach es doch aus.

ER: Okay, ich mach's aus. Dafür darf ich aber auch hin und wieder mal einen Zopfgummi rumliegen lassen.

SIE: Deine Zopfgummis sind überall!!!

. . .

SIE *(mit Decke auf dem Sofa)*: Ah, endlich sind die Kinder im Bett, und ich habe mal Ruhe.

ER: Aber nicht wieder einschlafen auf der Couch!

SIE: Warum nicht? Es gibt doch nichts Gemütlicheres.

ER: Horror! Wenn man mitten in der Nacht aufwacht, schmerzt der Rücken, und man hat diesen ekligen Geschmack im Mund.

SIE: Falls ich einschlafe, trägst du mich halt die Treppe hoch – so wie damals, als wir uns gerade erst kennengelernt hatten … *(lächelt vielsagend)*.

ER *(erschrickt)*: … als ich danach den fürchterlichen Hexenschuss hatte?

SIE: Das war so süß, wie du mich mit deinen starken Armen beeindrucken wolltest.

ER: Ich war den Rest der Nacht benommen, weil ich mir heimlich mehrere Schmerztabletten reinhauen musste.

SIE *(zwinkert ihm zu)*: Hast du dir aber nicht anmerken lassen.

. . .

ER *(kuschelt sich an)*: Schatz, wollen wir noch einen Film gucken?

SIE *(zögerlich)*: Ist doch schon halb zehn …

ER *(lockend)*: Komm, was Schönes, Romantisches.

SIE: Eigentlich bin ich ein bisschen erledigt.

ER: Bitte!

SIE: Okay.

8 Minuten später.

ER: Hast du die Augen zu?

SIE: Ich doch nicht.

ER: Es macht keinen Spaß, wenn du schläfst! Mit wem soll ich mich hinterher über den Film unterhalten?

SIE *(seufzt)*.

4 Minuten später.

ER: Du schläfst! Ich hab's genau gesehen!

SIE *(schlaftrunken)*: Stimmt nicht. Ich gucke.

ER: Was haben die gerade gesagt? Worum geht's in der Szene?

SIE: Ähm …

ER: Es hilft nichts – jetzt muss ich noch mal zurückspulen!

. . .

SIE *(zum Gast)*: Isst du mit uns?

GAST: Gern, aber bitte nichts extra machen für mich.

SIE: Wir kochen sowieso jeden Tag.

ER: Was heißt hier »wir«? Du! Ich kann leider nicht gut kochen, aber sie (*zeigt auf seine Frau*) kocht wie Gott in Frankreich. Ach so, pardon, ich soll sie nicht so loben vor Gästen, das mag sie nicht.

SIE *(übergeht seine Bemerkung und zeigt auf ihren Mann)*: Stimmt, der Halbdeutsche hier kocht nur den Kaffee. In meiner Kultur kommt ein Gast, geht direkt in die Küche und riecht an den Töpfen. Ich musste erst lernen, dass es den Deutschen reicht, wenn man Kaffee und drei Stücke Kuchen auf den Tisch stellt. Für mich taugt das maximal als Dessert.

. . .

ER *(beim Essen, betrübt)*: Ich versteh manchmal gar nicht, wie du das alles schaffst.

SIE: Ist okay, Schatz.

ER: Nein, wirklich, ich mache mir Sorgen, dass du dich übernimmst.

SIE: Du sagst doch immer: »Meine Frau ist wie eine Maschine.«

ER: Aber ich habe trotzdem ein schlechtes Gewissen, dass ich oft unterwegs bin.

SIE: Musst du nicht.

ER: Kann ich dir wenigstens mal wieder eine Freude machen? Eine Reise? Schmuck?

SIE: Mir reicht's, wenn du nachher die Spülmaschine ausräumst.

. . .

SIE: Ali hat gestern Sucuk mitgebracht. Das wollte ich heute mal machen.

ER: Oh ja, ich liebe Sucuk! (*nach einer Pause*) Aber, äh, Sucuk, das ist doch eine türkisch-arabische Spezialität …

SIE (*belustigt*): So, so.

ER: … ich meine, weißt du überhaupt, wie man das richtig zubereitet?

SIE (*guckt ihm tief in die Augen*): Schatz. Ich habe schon Sucuk gemacht, da wusste ich noch nicht mal, wer »Bülent Ceylan« ist.

. . .

ER: Schatz, ich liebe dich. Am liebsten würde ich noch hundert Kinder mit dir machen.

226

SIE: Aber überleg doch mal: Wer soll denen die ganzen Honigbrote schmieren?

ER *(denkt nach, dann)*: Warum wollen unsere Kinder auch dauernd Honigbrote essen? Das Honigglas ist immer so eklig klebrig, und dann werden die Hände schmierig, und der Toast klebt an den Rändern, und der Honig tropft vom Messer auf den Boden …

SIE *(unterbricht ihn)*: Eben.

. . .

ER: Ich bin so froh, dass ich nicht mit einer deutlich jüngeren Frau verheiratet bin.

SIE: Wieso – weil dann alle denken würden: Die hat er sich bestimmt aus dem Urlaub mitgebracht?

Beiden biegen sich vor Lachen.

ER: Heute haust du wirklich eine Pointe nach der anderen raus, Schatz! Im Ernst: Es wäre mir peinlich, wenn meine Frau vom Alter her meine Tochter sein könnte. Und das Tolle an dir: Du bist zwar nicht viel jünger als ich, aber du siehst verdammt jung aus. Und du bist wunderwunderschön …

SIE: Ach Quatsch!

ER: Doch!

SIE: Jetzt hör mal auf! Du übertreibst so maßlos! Das schreibst du auf keinen Fall ins Buch.

ER: Steht schon drin.

19 Statt eines Nachworts

NÄCHTLICHE WHATSAPP-SPRACHNACHRICHT, FRÜHLING 2021

Hallo, liebe Astrid,

ich hoffe, ich wecke dich nicht mit dieser Nachricht. Aber mir gehen gerade so viele Gedanken durch den Kopf. Wir wollen mit dem Buch doch aktuell sein und auch über die Zeit berichten, in der wir gerade stecken. Weißt du noch, wie wir letztes Jahr im Frühling, bei den ersten Gesprächen mit dem Verlag, dachten, Corona muss vielleicht gar nicht groß erwähnt werden? Weil bis zum Erscheinen des Buchs sicher längst alles vorbei ist? Und jetzt ist es noch viel heftiger geworden, als es im Frühling 2020 war.

Und ich merke auch, wie meine Ängste wachsen. Wird es mit der Kultur jemals wieder so werden wie vor der Pandemie? Ich spreche zurzeit viel mit meinem Freund Frank. Er ist Arzt und sagt immer zu mir: »Warte ab, das wird schon! Wenn die Kultur erst mal wieder richtig loslegen kann, werden die Menschen euch die Bude einrennen. So groß werden die Euphorie und der Nachholbedarf sein.« Ich bin eigentlich auch Optimist. Aber es gibt Tage, da überwiegen die Zweifel. Werde ich, werden andere Künstler jemals wieder auftreten können wie vor der Pandemie, vor Tausenden dicht gedrängten Menschen?

Wie immer bewundere ich meine Frau. Radine hat das mit dem Homeschooling seit Monaten gut im Griff, sie ist jetzt halt auch noch Lehrerin. Es ist schon der Wahnsinn, was Mütter und Väter derzeit leisten. Ich versuche, mich auch einzubringen, spiele mit der Kleinen oder setze mich mit meinem Bub hin. Aber neulich hat mein Sohn zu mir gesagt: »Papa, ich will die Schulsachen lieber mit Mama machen. Du bist immer so ungeduldig.« Das habe ich mir ziemlich zu Herzen genommen. Ich arbeite jetzt daran, geduldiger zu werden. Teilweise gelingt es mir schon. Aber da ist noch Luft nach oben. Man sollte die Kritik von Kindern annehmen können und auch ernst nehmen, finde ich.

Anfangs war es schön, viel zu Hause zu sein, am Leben der Kinder intensiver teilnehmen zu können. Erst dann fällt einem auf, was man alles verpasst, wenn man nicht da ist. Meine Kinder artikulieren es mittlerweile auch recht deutlich, dass es ihnen nicht gefällt, wenn ich so viel unterwegs bin. Wenn ich früher von Auftritten nach Hause kam, rannten sie immer sofort in meine Arme. »Papa! Papa!« Radine sagt immer: »Genieß es, solange sie noch deine Fans sind.« Wenn sie größer sind, wird das sicher anders.

Äußerlich habe ich keinen Stress, ich bin die ganze Zeit zu Hause. Mein Stress spielt sich in meinem Kopf ab. Ein leerer

Kalender ist für mich der Horror. Seit einem Jahr habe ich quasi Berufsverbot. Wir Bühnenkünstler wurden aus unseren Leben herausgerissen. Und wahrscheinlich werden große Veranstaltungsorte noch viel länger geschlossen bleiben als die Frisöre und der Einzelhandel. Mir fehlt die Arbeit, mir fehlt das Touren, mir fehlen die Liveshows ungemein. Ich bin unglaublich glücklich mit meiner Familie, gar keine Frage, aber da ist trotzdem eine Leerstelle in meinem Herzen. Ich brauche das Gefühl, Menschen zum Lachen zu bringen, ihnen eine unbeschwerte Zeit zu schenken. Ich brauche das mindestens so sehr wie mein Publikum.

Gerade in Zeiten von Krisen könnten Comedy und Musik doch helfen. Wir alle sehnen uns nach Ablenkung, nach Hoffnung, nach einem Gefühl von Gemeinschaft. Seit einem Jahr schon sage ich: Kultur ist auch systemrelevant! Aber wenn es noch lange so weitergeht wie bisher, wird am Ende nicht mehr viel Kultur übrig sein. Theater und Veranstaltungsräume werden schließen müssen, Künstler und Techniker werden sich beruflich umorientieren. Man kann unsere Branche nicht einfach aus- und dann ein, zwei Jahre später wieder anknipsen. Die Allerwenigsten haben vorher ein Polster erwirtschaftet, um eine so lange Durststrecke durchzuhalten.

Vielleicht hast du es mitgekriegt, dass ich jetzt bei einer Plattform bin, bei der Fans persönliche Videogrußbotschaften bestellen können. Mein gesamter finanzieller Anteil geht direkt an meine Kinderstiftung. Was mich wahnsinnig freut: Dass viele dieses Angebot nutzen und schon Videos bestellt haben. Ich habe richtig zu tun, und das macht mega Spaß!

Weil ich den Leuten eine kleine Freude bereiten kann. Du weißt ja, wenn andere lachen, bin ich glücklich – darüber haben wir oft gesprochen.

Ansonsten gibt es auch ein paar neue Projekte, an denen ich arbeite. Auf eines davon freue ich mich schon besonders: eine Dokumentationsserie fürs ZDF. Da geht es darum, dass sozial benachteiligte Kinder aus Berlin im Laufe eines Schuljahres ein Musikinstrument lernen und dann am Ende bei einem großen Konzert auftreten. Ich darf die Kinder dabei über einige Monate unterstützen und begleiten. Das wird sicher toll! Zwar ist es noch eine Weile hin, bis die Dreharbeiten im Sommer beginnen, aber ich versuche, auch bis dahin den Kopf nicht hängen zu lassen.

Im Vergleich zu anderen, die um ihre Geschäfte oder Betriebe bangen, geht es mir weiterhin gut. Aber da draußen ist derzeit so viel Leid, das beschäftigt mich sehr. Tausende Kinder, die beim Kummertelefon anrufen. Kürzlich habe ich einen Bericht im Fernsehen gesehen, über eine sechsköpfige Familie in einer Zweizimmerwohnung. Drei Schulkinder, ein Kleinkind! Ich erzähle immer wieder von meiner Kindheit auf dem Waldhof, von unseren 68 Quadratmetern. Und dann sehe ich, wie Kinder heute in solchen Wohnverhältnissen auch noch ihr Schulpensum schaffen sollen. Ohne Rückzugsmöglichkeit, ohne Platz zum Rumtoben, mit wenig Unterstützung. Das macht mir ganz schön zu schaffen. Wie du merkst, hält es mich sogar nachts wach. Ich möchte helfen, wo ich kann. Zum Glück fließt zurzeit einiges von meinen Einkünften in meine Stiftung, damit können wir wieder soziale Projekte fördern.

Was sonst? Mein Tinnitus ist lauter geworden. Ich lebe mit dem Geräusch im Ohr jetzt schon seit zwei Jahrzehnten, meistens stell ich mir vor, da spielt eine Band in meinen Gehörgängen, nonstop, Party ohne Ende. So konnte ich mich mit dem Tinnitus im Alltag ganz gut arrangieren. Aber durch die psychische Anspannung ist das Rauschen jetzt wieder stärker und belastender geworden. Genauso wie mein Rückenleiden. Seit der Bandscheiben-OP müsste ich eigentlich kontinuierlich meine Übungen machen, aber ich kann mich nicht immer aufraffen. Und dann habe ich auch ein paar Kilo im Lockdown zugelegt, echt ärgerlich! Immerhin habe ich mir jetzt vorgenommen, mich wieder besser zu ernähren. Keine Nutella mehr zum Abendbrot, auch wenn's schwerfällt! Ich versuche generell, auf Zucker zu verzichten, wegen der Entzündungswerte im Blut. Aber wenn man sich dann körperlich etwas besser fühlt, ein paar Pfunde abnimmt, kurz eine Hochphase hat – dann kommt eine neue Virusmutation um die Ecke. Wird das jetzt hier eine Endlosschleife? Ich bin wirklich fürs Impfen, wir müssen eine flächendeckende Immunität erreichen. Sonst geht die Kultur und vieles andere für immer den Bach runter.

Meine ganze Karriere war ich getrieben von dem Gedanken: Ich muss am Ball bleiben! Plötzlich überlege ich: Hätte ich vielleicht doch was ganz anderes machen sollen? Arzt? Anwalt? Dann könnte ich wenigstens auch in der Pandemie weiterarbeiten. Ich muss mich dann selbst bremsen und mir sagen: Bülent, das ist doch Quatsch! Wie du es gemacht hast, war es richtig. Es war *dein* Weg. Radine sagt auch immer zu mir: »Es ist okay, sich rechts und links umzusehen. Aber wenn du dich ununterbrochen mit anderen vergleichst, wirst du unglücklich.« Sie hat so recht! Ich muss mir das in Erinnerung rufen, gerade in dieser Zeit: Konzentrier dich auf dich selbst, auf das, was du kannst. Und versuch einfach, in deinem Umfeld als Mensch gute Energien zu verbreiten.

Das ist doch vielleicht ein ganz brauchbares Motto für die Zukunft, oder? Üben wir uns in Geduld und Nächstenliebe. Schauen wir nach vorne. Seien wir stolz auf das, was wir schon erreicht haben. Seien wir dankbar für unsere Familien und Freunde. Was wäre ich ohne meine Eltern, die mich immer unterstützt haben, ohne meine Geschwister, meine Freunde, mein Team, ohne meine drei geliebten Kinder und ohne Radine, meine große Liebe? Sie alle geben mir Kraft, sie alle machen mich stark. Und irgendwann ist dieses Scheißvirus besiegt – und dann kuscheln wir wieder miteinander!

Heute ist übrigens meine Mutter 79 Jahre alt geworden, vielleicht kreisen deswegen so viele Dinge durch meinen Kopf. Morgen früh hole ich Hilde ab, und sie wird wieder ein paar Tage bei uns bleiben. Wir testen uns oft. Trotzdem befürchte ich immer noch, dass ich meine Mutter unbemerkt anstecken könnte. Das würde ich mir nie verzeihen! Mit dieser Angst müssen im Moment so viele Angehörige leben. Zugleich sorge ich mich, dass meine Mama vereinsamt. Wir müssen alles dafür tun, uns gegenseitig zu schützen, aber die Angst darf uns auch nicht besiegen – oder gar voneinander entfremden.

Oje, Astrid, ich sehe gerade, ich rede schon fast 20 Minuten lang. Ich hab dich ganz schön zugelabert. Aber vielleicht

ist was Brauchbares dabei für unser Buch … Ich hoffe jedenfalls, dir und deiner Familie geht's gut. Wir sehen und hören
uns bald wieder!

Alla, hopp.

ENDE

Kai Wiesinger
Der Lack ist ab
War's das schon
oder kommt noch was?

Ohne ein Blatt vor den Mund zu nehmen spricht Kai Wiesinger über alles, was einen Mann in der Mitte des Lebens
überrollt. Denn plötzlich stellen sich ganz neue Fragen: Wie
geht es eigentlich meiner Prostata? Soll ich mir die Haare
färben und wie fühlt sich eine Darmspiegelung an? Schlafen
wir nur noch aus Gewohnheit nebeneinander und wie sinn-
voll ist eine Paartherapie? Mit Witz, Charme und Selbstiro-
nie deckt Kai Wiesinger auf, dass auch im Mann die
biologische Uhr tickt. Und nicht jeder mit grauen Haaren
automatisch aussieht wie George Clooney.

224 Seiten, broschiert

Weitere Informationen finden Sie auf
www.fischerverlage.de

AZ 596-70677/1

Mehdi Maturi / Kerstin Greiner
In den Iran. Zu Fuß. Ohne Pass.
Auf der Suche nach meiner Mutter

Sein ganzes Leben lang dachte Mehdi Maturi, seine Mutter sei tot. Als er erfährt, dass er kurz nach seiner Geburt vom Vater nach Deutschland entführt wurde und sie noch lebt, will er sie unbedingt kennenlernen. Aber über 4000 Kilometer und acht Länder trennen ihn von seiner Mutter im Iran. Er bekommt kein Visum. Doch er ist fest entschlossen, seine Mutter zu finden. Also macht er sich trotz allem auf den Weg und folgt der Flüchtlingsroute in die entgegengesetzte Richtung, illegal über alle Grenzen. Er hat keine Ahnung, wie hart der Weg werden wird und wie er wieder zurück-kommen soll. Für ihn zählt nur eins: das Lächeln seiner Mutter.

256 Seiten, Klappenbroschur

Weitere Informationen finden Sie auf
www.fischerverlage.de

AZ 596-70021/1